电力班组场景化
沟通演练手册

DIANLI BANZU CHANGJINGHUA
GOUTONG YANLIAN SHOUCE

国网浙江省电力有限公司 ◎ 编著

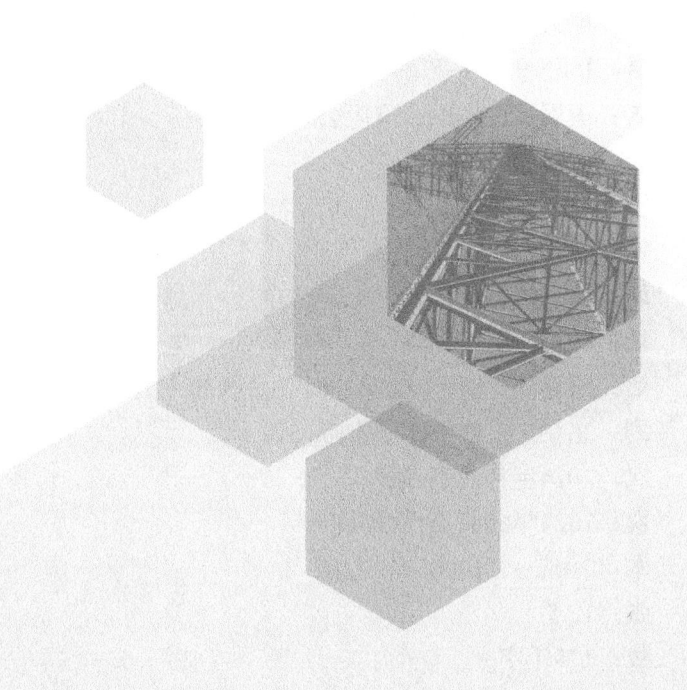

企业管理出版社
ENTERPRISE MANAGEMENT PUBLISHING HOUSE

图书在版编目（CIP）数据

电力班组场景化沟通演练手册 / 国网浙江省电力有限公司编著. -- 北京：企业管理出版社，2024.10

ISBN 978-7-5164-2937-2

Ⅰ. ①电… Ⅱ. ①国… Ⅲ. ①电力工业－工业企业管理－班组管理－中国－手册 Ⅳ. ①F426.61-62

中国国家版本馆CIP数据核字(2023)第186413号

书　　名：	电力班组场景化沟通演练手册
书　　号：	ISBN 978-7-5164-2937-2
编　　者：	国网浙江省电力有限公司
责任编辑：	蒋舒娟
出版发行：	企业管理出版社
经　　销：	新华书店
地　　址：	北京市海淀区紫竹院南路17号　邮　　编：100048
网　　址：	http://www.emph.cn　　电子信箱：26814134@qq.com
电　　话：	编辑部（010）68701661　发行部（010）68417763　（010）68414644
印　　刷：	北京亿友数字印刷有限公司
版　　次：	2024年10月第1版
印　　次：	2024年10月第1次印刷
开　　本：	710mm×1000mm　1/16
印　　张：	12.5
字　　数：	179千字
定　　价：	78.00元

版权所有　翻印必究　·　印装有误　负责调换

编委会

主　编：夏　翔　李付林
副主编：王　涛　李　骏　徐以章
委　员：徐洪伟　陈敢峰　高　祺　吕　峰　刘章银
　　　　卢建刚　叶润潮　周　芳　岑迪庆　金　莹
　　　　王轶本

编写组

组　长：王建莉　丁　寅
副组长：陈　雯　楼茜妮
成　员：完泾平　李康宁　周　熠　李小龙　刘睿迪
　　　　夏惠惠　俞　磊　程　烨　李晶晶　刘一宁
　　　　张鹏飞　朱　鎏　沈　杰　吕嘉慧　叶　碧
　　　　洪根轩　张泓玄

序 言
PREFACE

当前，我国经济已从高速增长阶段进入高质量发展阶段，正处在转变发展方式、优化经济结构、转换增长动力的攻关期，党的十九大确立了习近平新时代中国特色社会主义思想，明确提出要决胜全面建成小康社会，开启全面建设社会主义现代化国家新征程，标志着中国特色社会主义进入了新时代，我国社会主要矛盾已经转化为人民日益增长的美好生活需要和不平衡不充分的发展之间的矛盾。

供电企业担负着服务人民美好生活用电需要的重任。新一轮电力体制改革和实施乡村振兴战略等社会环境变化也对供电企业发展提出了更高的期望。为此，国家电网有限公司创造性地提出了"建设具有中国特色国际领先的能源互联网企业"的战略目标。实现这一宏大战略，不仅需要满足物质基础，同时也要营造良好的企业氛围，才能最大程度地激发凝聚力，构建内部和谐积极、外部服务到位的企业环境。

因此，本书采集了企业各部门在工作中会遇到的各种沟通场景，将场景化沟通划分为五个方向，根据每个方向的特点，对症下药找到沟通痛点。以此为基础，分析沟通场景，运用理论对各种场景可能发生的对话进行分析解释，并给出可行的方案建议。

本书分为背景与概念、理论概述、案例呈现三个部分。其中，案例呈现用简明扼要的标题总结故事的核心事件,再给出沟通的反向案例,给读者留有思考余地;然后,运用理论分析反向案例,同时给出可行性建议;最后,呈现正向沟通案例。

本书旨在帮助供电企业各领域人员找出沟通方面的不足和盲点,掌握沟通技巧,并将其灵活地运用在实际工作中,解决工作中遇到的沟通难题,助力电力工作顺利开展。

本书在编写过程中得到了供电企业相关专家的大力支持,在此谨向参编人员表示感谢!不周之处恳请各位专家、读者批评指正!

编 者

二〇二四年六月

目 录
CONTENTS

第一部分 理论综述 1
    第一节 背景与概念 3
    第二节 理论概述 16

第二部分 向上沟通 47
    第一节 树线矛盾引风波 49
    第二节 师徒二人理情谊 57
    第三节 班组缺人巧争取 64
    第四节 冲突任务智变通 71

第三部分 向下沟通 79
    第一节 繁杂任务细布置 81
    第二节 人情制度慎权衡 88
    第三节 青年人才重培养 94
    第四节 新老代沟难跨越 101

第四部分 平级沟通 109

第一节 委托任务细核对 111
第二节 重要事项多强调 118
第三节 分工合作明细节 124
第四节 催促任务看前提 130

第五部分 跨部门沟通 137

第一节 工程加班待磨合 139
第二节 调控冲突寻办法 145
第三节 部门不同议共性 151
第四节 高温政策互谅解 157

第六部分 对外沟通 163

第一节 土地纠纷看合同 165
第二节 紧急修复遇投诉 173
第三节 电费激增查明细 180
第四节 安全生产第一线 187

第一部分
理论综述

第一节 背景与概念

一、场景化沟通的定义

沟通（communication）一般指人与人之间的信息交流过程。

场景（scene）是一定时间和空间内发生的由一定目的或因人物关系所构成的具体画面，相对而言，是人物的行动和生活事件表现的具体发展过程中阶段性的横向展示。

基于以上基础概念，场景化沟通更强调在某一特殊场景需突出的沟通特点。市面上多数沟通课程针对的都是无关痛痒的大众类沟通话题，占80%（如日常工作沟通协作、个人关系维系等）。场景化沟通所应用的场景极为特殊（针对关键性的20%），内容一定是与个人或组织利益息息相关的重要话题，这类沟通话题一般具备三个特性：事情关乎重大利益（个人或组织）、双方意见不一、话题本身属于极为敏感或高风险的沟通内容，所以极易产生情绪波动。因此，发生在电力班组的场景化沟通对电力行业具有较强的针对性。

二、场景化沟通的意义

（一）沟通为个体身心发展提供必须的信息资源

人体是一个系统的有机体，是信息加工和能量转化的主要载体，它时刻与外部环境保持相互作用，接受外界的各种刺激，并对各种刺激做出适当反应，其中社会性的沟通过程具有核心地位。通过一定的沟通，个体才能够维持正常的生命活动。

心理学家赫伦（Heron，1957）曾经做过一个著名的"感觉剥夺试验"（见图1），征求自愿参与者的同意后，将他们安排在一个杜绝光线声音的实验室里，同时将他们身体的各个部位包裹起来，以尽可能地减少触觉经验。实验过程中，被试者除必要的生理需求被满足以外，其他时间不允许其获得任何其他刺激。结果，仅仅三天，参与实验的被试者身心出现了严重的不适应，实验不得不停止。这一实验证明，沟通不仅是信息传递的渠道，更维系着个体的正常运行。

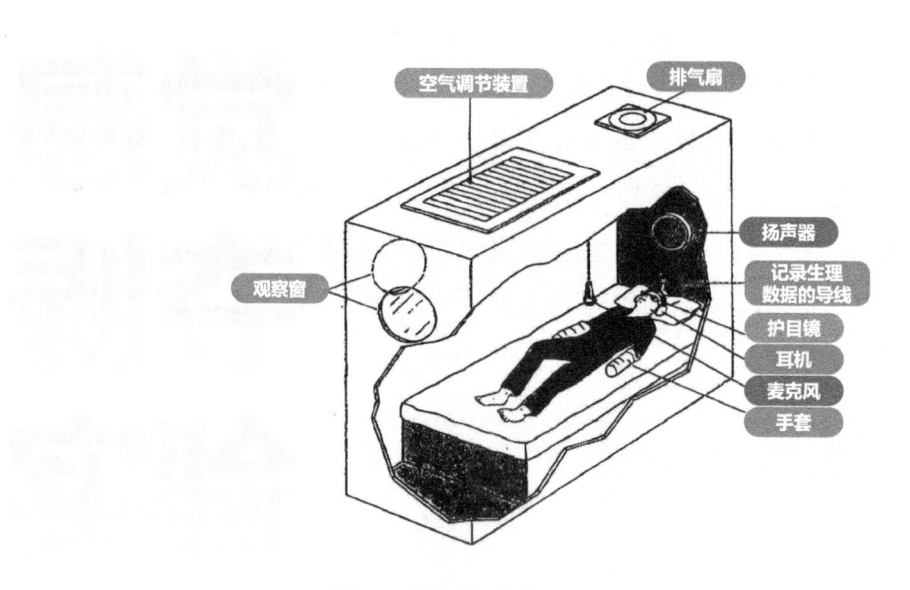

图1 感觉剥夺实验

此外，在个体的身心发展过程中，沟通承担着极为重要的角色，沟通是个体身心发展的必要前提。通过对常年在祖国边陲的边防哨卡守卫的将士的调查，发现：他们常年在人际交往单调、沟通环境单一的地区生活，沟通的缺乏导致这些人的语言能力和其他的认知能力不同程度地受到影响，当他们回到社会继续与他人相处时，或多或少地会表现出一定程度的不适应。此外，还有研究证明，如果儿童生长的环境中缺少沟通机会，如福利院的孤儿，智力发展就会表现出明显的延后。心理学家以早产儿为观察对象，通过一定的干预手段增加与早产儿的沟通，并对他们按摩，这些有助于早产儿后续的正常发展。而没有这项干预的早产儿，比较容易出现各类问题。

沟通不仅对发展中的个体有影响，对社会化相对成熟的老年人来说，同样有着深远的影响。目前，老年人退休后衰老过程加快的问题，已经得到社会的广泛重视。老年人退休后逐步退出家庭的主角地位，退出社会的工作岗位，这本应该是社会为老年人创造幸福晚年生活的大好机会，是社会进步的重要标志。但是调查发现，退休后，一部分老年人由于难以适应退休生活，心理上出现如空虚、寂寞、焦虑、忧伤、抑郁等问题，人们称之"退休综合征"。研究发现，退休后的老年人保持一个良好的人际交往关系，对其更好地适应角色的变化有着不可忽视的作用。从本质上讲，保持这种人际交往，就是保持老年人与他人的良好沟通，使得个体与社会保持一定程度的联系和交换，从而使机体保持对外界刺激的正常适应水平，实际上人的机体同样遵循"用进废退"的自然法则。研究揭示，退休后仍能坚持做一些工作，保持适当社会责任的老人，其衰老速度明显减缓。

医学的最新研究成果也揭示，独身者由于缺乏与配偶之间的沟通和由此形成的情感依恋会导致其寿命要比有配偶的人偏短。

（二）沟通是自我概念形成的途径

在所有探讨社会、群体、人际的研究中，无论是库里、米德、罗杰斯，还是埃里克森，都必定涉及沟通这一核心概念。没有沟通，就没有自我的形成；没有沟通，就没有自我同一性的建立；没有沟通，就没有自我概念和自我价值感的维持。

按照库里（Color，1902）的说法，儿童早期以"镜像自我"方式存在的自我概念是在与成人沟通过程中形成的。米德（Mead，1934）在强调符号相互作用对于自我形成的作用时，更为直接地指出了沟通是自我概念形成的必要条件。米德明确提出，没有语言，没有沟通，就没有自我。人的自我概念是在与他人的沟通过程中逐步发展起来的，并且人们是在沟通过程中保证自我作用的发挥与自我的不断提升和完善。

（三）人凭借沟通交换信息并建立与维持相互联系

1. 沟通是观念、思想、情感的交换过程

任何一个人，无论他多么精力充沛，他的直接经验都是有限的。人要想适应不断变化的外部世界，就必须凭借沟通获得别人的宝贵经验成果。虽然人作为独立的个体本身能够直接获得的经验是有限的，但沟通能够使人无论在思想观念上还是情感上都变得无限。英国作家赫伯纳曾经说过：假如你有一个苹果，我有一个苹果，彼此交换后，我们每个人都只有一个苹果。但是，如果你有一种思想，我有一种思想，那么彼此交换后，我们每个人都有两种思想。甚至两种思想发生碰撞，还可以产生出两种思想之外的其他思想。

在情感上，我们同样是通过沟通来丰富自己的。我们欣赏绘画、摄影作品，看电影、电视，阅读散文、诗歌、小说，实际上都是在体验作者创作时的情感历程。在情感体验的性质上，沟通的过程使积极的情感体验加深，使消极的情感体验减弱。正如一位哲人所说，快乐与别人分享，快乐增加一倍；而痛苦与别人分担，痛苦减轻一半。沟通的过程，可以使人生真正变得丰富多彩，使人的有限生命走向无限。

2. 沟通是人与人建立和维持联系的方式

我们每个人都能够体验到，沟通与人际关系的建立和维持存在着十分紧密的联系。其实人与人之间建立沟通和稳定情感联系的可能性，远比我们想象的大得多。试想，我们在北京、上海或广州这样的大城市选择一个目标人，然后请你转交给他一封信。这封信必须通过相互熟悉的人转交，目标人最后接到信时，也必须由他自己所熟悉的人接手。你认为从你开始，要经过多少次两两相互熟悉的人作为中介，才能将你与这个纯粹随机选择的目标人联系到一起呢？1000次？500次？心理学家米尔格拉姆（Milgram，1967）通过小世界研究计划（small world project）证实，我们的世界小得很。在一个超过200万人的群体中，只需平均6次，最少2次的转手，信件就可以交到收信人手中。世界这么小！实际上，日常生活中我们每时每刻都在沟通，人们通过沟通建立人际关系，并由此将各人的努力汇聚起来以产生更大的能量。沟通不仅能对个体的身心发展产生影响，对社会中各种群体的发展也具有重要作用。小到家庭，大到国家、全球组织，缺乏沟通的群体将由于不能正常运转而无法维持下去。

三、场景化沟通的结构与要素

（一）沟通结构

沟通是信息交流的过程，信息发出者先对信息进行编码，将其转化为信号形式（如声音、文字），然后通过媒介（通道）传送到信息接收者处，信息接收者对收到的信息进行解码（见图2）。至此，就实现了信息在个体之间的传递。

巴克尔（Barker，1987）描述了沟通过程（communication process）的七个要素，包括信息源、信息、通道、信息接收者、反馈、障碍和背景。

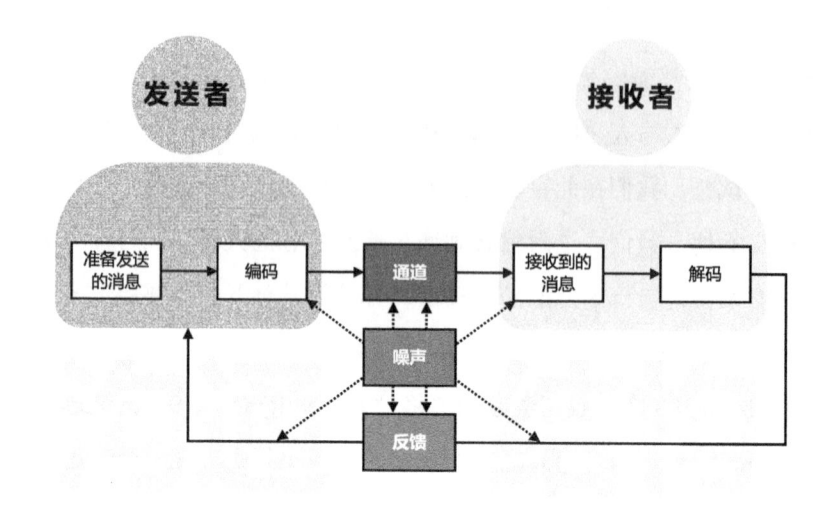

图 2　沟通过程示意

（二）沟通要素

1. 信息源

信息源是沟通过程中的始发者，也可以称为信息发出者。他们具有信息并试图沟通，在沟通过程中具有一定的主动权，可以自主确定沟通目的，选择沟通对象。通常的沟通目的有三种：一是给他人提供信息；二是影响别人，使别人发生态度改变；三是与别人建立某种联系或纯粹满足情感。信息源的信息发出者，在实施沟通前，要经历一个信息筛选、编码过程，他们会在自己丰富的记忆里选择出试图沟通的信息，然后加工这些信息，将其转化为可以被信息接收者接受的若干形式，如文字、语言或表情等。这个准备过程可以使人们对自己身心状态了解得更为准确，使得沟通的过程更为清晰和明确。

2. 信息

信息是沟通传递的内容。从沟通意向的角度来说，信息是沟通者试图传达给别人的观念和情感。但个人的感受不能直接被信息接收者接受，它们必须转化为各种不同的可为别人所觉察的信号。在各种符号系统中，最为重要的信号就是语词。语词可以是声音信号，也可以是形象（文字）信号，它们都是可被觉察、可实现沟通的符号系统。更重要的是，语词具有抽象指代功能，它们可以代表事物、人、观念情感自然存在的一切事物，使得人与人之间的沟通在广度和深度上具有了更大的可能性。

3. 通道

在发送者到接收者之间形成的沟通回路需要经过一定的形式，才能实现信息的有效传递，这里信息传达的方式就是通道。通常人们的眼睛、耳朵、鼻子、嘴巴和手都是传递信息的通道，其中视听通道是最为常用的一种。日常生活中所发生的沟通也以视听沟通为主，除面对面的沟通方式外，还有以不同媒体为中介的沟通。研究发现，虽然各种沟通形式不断出现，并且深深影响人们的生活方式，但是面对面的原始沟通方式仍是影响力最大的沟通形式。面对面沟通可以使沟通双方及时通过言语及言语以外的其他身体语言信息，了解沟通双方的状态，因而双方更容易发生相互的情绪感染，使沟通更为有效。此外，面对面沟通使沟通双方反馈更及时、更有效，便于沟通信息的发出者做出更为积极的调整，使得沟通过程更为适合信息的接收者。因此，虽然今天各类媒体高度发达，参与领导人大选的候选人仍然会到各地巡回演讲，原因就是直接沟通的作用是媒体所不能取代的。

4. 信息接收者

信息接收者即接收信息的人，是沟通过程的终端。信息接收者对于信息的接受，不是一个被动过程，而是积极主动地接受和加工信息的过程。在这个过程中，信息接收者会在一定的个人经验基础上，通过一系列的注意、知觉、转译和储存等心理动作，将接收到的各种具有特定意义的符号，转译成一种观念、想法或者情感。

因为信息发出者和信息接收者的生活背景、个体经验和心理世界不会完全相同，所以信息接收者转译后的沟通内容，与信息源的内容很难达到完全一致，而是带有个人经验背景的印记。但是，大部分情况下，沟通依然会有效地实现。

在沟通过程中，信息源与信息接收者的角色不是固定不变的，沟通过程中的信息接收者，可能很快转变为下一个沟通过程中的信息发出者。

5. 反馈

沟通中信息的接收者不断地将沟通的结果再回送给发出者，使其进一步调整沟通动作，从而形成一个沟通的回路，这个过程就是反馈。反馈的作用是使沟通成为一个互动过程，而不仅是单向传递。通过反馈，信息发出者可以了解接收者对于沟通信息的理解状态，从而进行应对性的调整，以此保证沟通的有效性。

反馈分为正反馈和负反馈。如果反馈显示信息接收者接受并理解了信息，这种反馈为正反馈。如果反馈显示的是信息源的信息没有被接受和理解，则为负反馈。另外，信息接收者对于信息源的信息不确定的反应信息叫作模糊反馈。模糊反馈往往意味着来自信息源的信息尚不够充分。反馈可以有效地反映沟通的效果，因此，有经验的沟通者对于反馈有着高度的敏感性。

反馈不一定都来自信息接收者，有时信息发出者也会通过发送信息的过程，以及对过程的自我体会和反思，做出一定的调整，这也是一种反馈。这种反馈被称为"自我反馈"。

6. 障碍

沟通中的障碍指会给沟通过程增加困难或使双方没能很好地完成沟通的因素。例如，电话回路中任何环节或者零部件不能正常工作，都可能发生障碍，导致通话过程中断或者错误传达。人类的沟通过程也大致如此，经常遇到各种障碍。信息本身的模糊不定、信息发出者的沟通目的不明确、信息没有被有效或正确地转换成可以沟通的信号、误用沟通方式，或者信息接收者在接受和加工信息过程中误解信息等，都可能造成沟通障碍。

沟通障碍的产生有多种表现形式，因为地位不同、关系的不同，可能在沟通中产生地位障碍；因为沟通双方的个性倾向的差异，可能产生个性障碍；有的群体中，由于组织结构庞大、臃肿，则可能造成组织障碍。另外一种常见障碍为文化障碍，即沟通双方由于来自不同的文化背景，使沟通很难有效实现。同样的手势在不同的文化背景下含义截然不同，这时沟通中出现的障碍就是典型的文化障碍。

7. 背景

沟通过程的最后一个要素是背景。沟通总是在一定的背景中发生的，任何形式的沟通，都要受到各种环境因素的影响。背景是针对沟通发生的环境而言的，它可以是影响沟通的任何因素。

在沟通过程中，同样的一句"去你的！"可以是亲人之间表示撒娇或亲昵的语言，也可能是朋友之间对朋友言行不满的一种情绪表达，还可能是吵架的两个对象之间表示愤怒的一种方式。沟通发生的背景不同，沟通效果也大相径庭。可见沟通背景对于沟通来说十分重要。

（1）物理背景

物理背景是沟通发生的场所。物理背景会对信息选择的质量产生影响，噪声、沟通场所的环境布置、灯光乃至颜色搭配等，都可能影响沟通。听众的物理密度会对沟通过程及沟通质量产生影响。如大厅座无虚席，听众相互影响的本身就营造出倾听气氛，演讲者也会受到鼓舞；而如果听众寥寥，则演讲者不可能慷慨陈词。

现代社会中，更多人使用线上沟通方式，一方面，文字限制了语气和表情等的表达；另一方面，线上沟通方式可以使沟通者用夸张热情的"表情包"来实现"阴阳怪气"的表达。因此，探讨物理背景时，时代的变迁发展使得这一话题有了更加复杂的解释。

（2）心理背景

心理背景指沟通参与者的情绪或态度，包含两个方面的内容。一是沟通者的一般心境状态。心境状态好的时候，沟通者的思维处于积极活跃状态，对周围世界充满兴趣，此时人们对沟通态度积极，有较高的心理能量投入，信息与符号的转换过程流畅。在这种情况下，不仅沟通过程顺畅，沟通内容也有广度和深度。同时，沟通容易给沟通双方带来积极的心理效应。相反，当沟通者心境状态消极，处于烦躁、悲愤或焦虑状态时，他们对沟通的需求往往不强烈，对沟通的心理能量投入较低，思维处于抑制或混乱的状态，信息与符号的转换过程受到干扰。在这种情况下，沟通常常发生困难，时常出现无反馈或者错误反馈、答非所问的情况。二是沟通双方相互接纳的状态。心理学研究发现，沟通双方的悦纳程度会影响沟通的过程和效果。如果沟通双方是悦纳的，沟通过程就有比较积极的定向，沟通过程会进行得比较顺利，彼此为对方提供的反馈比较充分，理解比较准确。但是，如果沟通双方有一方拒绝另一方，或者彼此互相拒绝，则沟通的定向就比较消极，沟通过程中的理解常常由于偏见出现误差，可能引起人际冲突。

（3）社会背景

社会背景，一方面指沟通者之间的社会角色关系，另一方面指沟通情境中不直接参与的其他人对沟通产生的隐性影响。

对应于每一种社会角色关系，无论是师生关系、恋人关系、亲子关系，还是一般的朋友关系，人们都有一种特定的交往适当性概念或期望。如果有关沟通在方式上符合这种适当性概念，就被认为是恰当的，从而被人们接纳。如果沟通方式偏离了人们的期望，就会被认为是不恰当的，并为人们所拒绝。心理学家曾经对青少年的沟通做过研究，结果发现，家长在场会使青少年学生明显改变沟通方式，沟通中所使用的句子变短，语词的沟通减少，非语词的沟通增加。青年男女之间的沟通也会因为自己的恋人或配偶在场而显示出高度不同的沟通模式。

不直接参与沟通的背景人群也会影响沟通过程。在我们与他人谈话时，如果别人走近，那么我们会自然压低谈话的声音，或者干脆终止谈话。人是社会性的，任何一个人都在与每一个被自己所觉察的其他人发生各种明显的或隐含的相互作用，只不过我们通常都将注意集中在兴趣所指向的事物上，对于这样的过程不甚留心罢了。

（4）文化背景

文化背景指沟通者自出生以来的长期文化经验的积累。它是沟通最一般的社会心理背景。

因为文化的内涵已转变为价值观和行为习惯而自动保持，所以人们通常体会不到文化对沟通的影响。实际上，文化在潜移默化中影响着每一个人的沟通过程，也影响着沟通的每一个环节。心理学家对掌握多种语言的沟通者进行研究，发现他们使用不同的语言时，他们所保持的沟通状态也是不同的。在日本生活多年的留学生，回国时如果讲汉语，那么较不容易看出他有日本的文化经验积累。但是，如果改成讲日语，他会在交谈过程中伴随更多的点头、鞠躬或注意倾听等动作。通常情况下，长期处于同一文化环境中，并不能感受到文化对自身行为、沟通的影响。只有在获得了不同的文化经验，并对不同的文化进行对比的时候，才能感受到文化差异的存在、文化在自己身上的烙印及文化对自己沟通的影响。

四、场景化沟通与相关理论的联系

关于沟通的基础概念已经阐述清楚，为了将概念更加具象地呈现在现实场景中就需要结合电力班组内具有普遍性和典型性的案例。日常场景中的沟通，人们的想法和回应往往在短暂的一瞬间就已形成，因此分析时，依据成熟的理论对案例从多层次的角度进行剖析，并给出一定程度的可行性建议。根据理论对案例进行细致的分析，不仅是对已有案例的客观解读，也是希望读者在后期解决类似问题时可以从中得到灵感。

（一）场景化沟通与社会交换

随着交通、网络的发展，国与国之间的距离越来越近，人们的观念在本土文化和外来文化的影响下也变得多元复杂。社会交换论作为很多理论研究的基础，为我们提供了很多可以借鉴的地方，在解释沟通中的一些问题时，也为我们提供了思考的新思路。

本书更加侧重论述沟通时影响社会交换进行的因素，并结合企业的组织结构习惯，有针对性地分析案例中主人公的做法，再给出详尽的沟通方法。

（二）场景化沟通与人际需求

沟通的目的之一就是对人际交往的需求，无论是追求被肯定、被爱的感觉，还是想在群体中找到位置、达到目的。从这点出发，就可以理解沟通中因为不同立场而产生的沟通障碍问题。找到双方的需求可以为顺利进行沟通奠定基础。

（三）场景化沟通与交互论

沟通是搭建人与人交往的桥梁。为了使自己的想法被对方理解和接受，需要在环境中寻求办法，不论是利用物质的手段还是情感的手段，都是为了改变环境、改变人的认知。运用到沟通中，良好的交际自然也需要良好的态度和良好的沟通策略。

（四）场景化沟通与公平

在研究组织的满意度时，常常提到公平理论，特别是体现在平级沟通里，成员之间的相互比较、成员和外界的比较，以及成员自己对比自己的经验都会在沟通时搭建一个标准平台。沟通时，这个标准平台唯一的裁判，为了使沟通的结果、内心的要求、外界的要求达到平衡，就要更加仔细地观察沟通者在意的点，这一方法不管是用在自省上，还是双方的交涉中，都可以帮助我们找到突破点。

（五）场景化沟通与参照群体

作为群居动物，再特立独行的人都免不了受到周围环境的约束，特别是在等级严明的企业里，工作内容的不同天然划分了不同的利益群体。这时有着鲜明特点的群体会促使人做出符合该群体特点的行为，当然个人的偏好也会影响个体在划分群体时做出的选择，同时反过来影响群体的氛围。所以，即便是个人对个人的沟通，背后也蕴含着两个甚至多个团体的影响。

五、场景化沟通在教学中的作用

很多时候的沟通是自私的，因为很多观点、态度、建议，我们往往会从自身的角度出发去解读，没有设身处地为他人着想。例如，电力工作中有很多需要严格按照指令行动的任务，信息发出方可能认为只要表达目的需求即可，但是忽略了指令下达的过程是人与人的沟通过程而非机器的传达命令。长时间机械沟通，会让人渐渐封闭自己"共情"的本能，因此好的沟通对电力班组有着显而易见的重要性。

与此同时，利用好"场景化"教学的优势，学会探索场景、建立场景、把控场景，也是本书目的之一。场景化沟通案例会增强读者的参与度，让读者更加深入地参与到课程所呈现的案例中，激发其学习的兴趣和动力。通过模拟真实的工作场景，使学员更好地掌握沟通基础知识和应用沟通技能，提高学习效果。在教与学的过程中，通过合作完成角色扮演，学员可以更好地理解团队工作的流程和要求，提高团队协作能力。场景化教学不需要过多的实际设备和物资支持，就可以达到减少实际工作中出现问题和风险的效果。

第二节　理论概述

场景化沟通所需理论如图 3 所示。

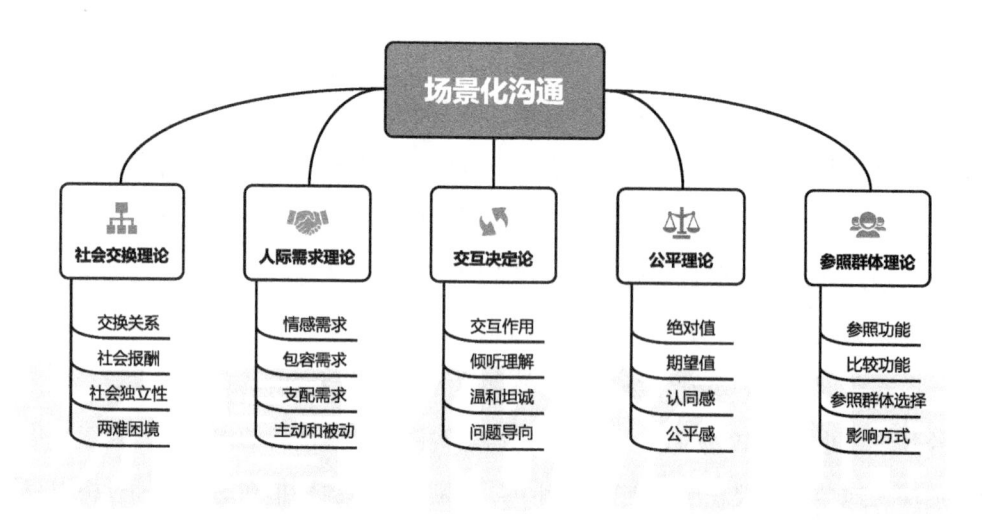

图 3　场景化沟通所需理论示意

一、社会交换理论

（一）定义

社会交换理论是 20 世纪 60 年代兴起于美国进而在全球范围内广泛传播的一种社会学理论。因为它对人类行为中的心理因素的强调，所以也被看作行为主义社会心理学理论之一。

这一理论主张人类的一切行为都受到某种能够带来奖励和报酬的交换活动的支配，因此，人类的一切社会活动都可以归结为一种交换，人们在社会交换中所结成的社会关系也是一种交换关系。社会交换理论由霍曼斯创立，主要代表人物有布劳、埃默森等。

这个理论对社会交往中的报酬和代价进行分析，提出那些能够给我们提供最多报酬的人是对我们吸引力最大的人，而且我们总是尽量使自己的社会交往给自己提供最大报酬。

为了得到报酬，我们也要付出报酬。因为人类社会的原则是互相帮助，别人给了你好处你就要回报，所以社会交往过程可以说是一个交换过程。

（二）理论基础

布劳的社会交换理论对社会交换的定义、条件、特征、原则、过程、社会交换与权力、社会交换与宏观结构及社会交换中出现的不平等与异质性进行了系统分析，形成了社会交换理论从微观向宏观的过渡。布劳的理论明显受到霍曼斯和马克思的影响：一方面，布劳在结构交换论中吸收了霍曼斯社会交换理论基本原理和基本命题中的合理内核；另一方面，布劳又汲取了马克思辩证法思想的精髓，运用"集体主义方法论"与整体结构论，对社会交换中的宏观结构进行了研究，并用不对等交换的原则揭示了权力产生、反抗及变迁的基本规律。

布劳接受了由行为主义心理学家斯金纳提出而由霍曼斯进一步讨论的社会交换的基本心理原则。他认为虽然人类行为是以对于社会交换的考虑为指导的，但并不是所有的人类行为都是这样受到交换考虑的指导，社会交换只是人类行为的一部分。他提出了使行为变成交换行为必须具备的两个条件："一是该行为的最终目标只有通过与他人互动才能达到；二是该行为必须采取有助于实现这些目的的手段"。布劳把社会交换界定为"当别人做出报答性反应就发生，当别人不再做出报答性反应就停止的行动"。他认为社会交换是个体之间的关系与群体之间的关系、权力分化与伙伴群体关系、对抗力量之间的冲突与合作、社区成员之间间接的联系与亲密依恋关系等的基础。社会的微观结构起源于个体期待社会报酬而发生的交换。个体之所以相互交往，是因为他们都从其相互交往中通过交换得到某些需要的东西。

在讨论社会交换的形式之前，他又区分了两种社会报酬：内在性报酬和外在性报酬。"内在性报酬，即从社会交往关系本身中取得的报酬，如乐趣、社会赞同、爱、感激等；外在性报酬，即在社会交往关系之外取得的报酬，如金钱、商品、邀请、帮助、服从等。"他把社会交换分为三种形式：内在性报酬的社会交换、外在性报酬的社会交换和混合性的社会交换。参加内在性报酬的社会交换的行动者把交往过程本身作为目的。参加外在性报酬的社会交换的行动者把交往过程看作实现更远目标的手段。外在性报酬为一个人合理选择伙伴提供了客观的、独立的标准。混合性的社会交换既具有内在报酬性，也具有外在报酬性。

内在性报酬和外在性报酬的具体内容如图4所示。

内在性报酬	外在性报酬
参与决策	正式的赞许
工作上的自由裁量权	福利
适当的权利与责任	奖金
感兴趣的工作	薪资
个人成长的机会	晋升
工作活动的多样化	社会关系
	工作环境、条件

图4 内在性报酬和外在性报酬

接着，他讨论了影响社会交换过程的条件。布劳列举了三种类型：第一，交换发展时期与交换伙伴间关系的特点和性质；第二，社会报酬的性质和提供它们时付出的成本；第三，发生交换的社会背景。

（三）理论发展

布劳一再强调，社会交换是一个辩证变化的过程，结构性的变化采取了一种辩证模式，由于社会结构被造成平衡的力量支配着，在一个社会中确定相互交叉的副结构的复杂互赖性及互不相容的要求，所以实际上每种形成平衡的力量都在其他层次上引起不平衡。在造成重新调节的过程中，必然会引发其他不平衡，在社会结构的许多层面上，会出现反复地打破平衡和恢复平衡的力量，这反映了社会结构变化的辩证特性。

具体而言，布劳从以下三个方面说明了社会结构的辩证变化。

第一，社会力量是相互矛盾的。由一种社会力量引起的条件可能激起另一种社会力量在相反方向上的出现。例如，在社会整合的过程中，群体成员凭借他们的杰出品质相互给对方留下印象，这些社会整合过程引起了地位分化，而社会分化增加了对于加强群体凝聚的整合机制的需要。

第二，社会力量是平衡的又是不平衡的。每一种社会行动都由某种适当的反行动加以平衡。每种形成平衡的力量都在其他层次上引起不平衡。在社会结构的一个方面或一个部门恢复平衡的发动力量肯定是在其他方面或其他部门打破平衡的力量。

第三，社会变化总要遭到许多抵抗。既得的利益与权力、传统的价值、已经建立的组织及制度，以及其他种类的社会资源，都是稳定性的力量以及对基本的社会革新和重组的反抗力量。

（四）理论运用

布劳首先研究了微观社会结构中的社会交换。他发现，人与人之间的社会交换开始于社会吸引，并指出社会吸引是指与别人交往的倾向性，不管是出于何种原因去接近另一个人。如果一个人期望与别人的交往带来报酬，那么不论这些报酬是内在的还是外在的，他们都会被能提供这些报酬的人吸引。布劳认为，社会吸引过程导致社会交换过程。互相提供报酬将维持人们之间的相互吸引与继续交往。

但是，并不是所有的社会交换都是对等的，以相互吸引、平等交换为基础的。人际关系既可以是交互的，也可以是单方面的。假设甲乙两个人，乙给甲提供某种东西，但是甲没有相应地回报乙。这时，甲有四种选择：一是强迫乙再给他回报；二是从另一个来源获得乙所能给的回报；三是寻找没有乙给予的这种回报也能过下去的方法；四是服从乙，按照乙的意愿行事，以此回报乙。如果甲选择第四种，那么乙对甲就拥有了权力。

如果社会交往中的义务不平等会使一方获得权力，那么另一方会失去社会独立性。布劳认为，个人或群体要想保持社会独立性，就必须具备四个条件。一是战略资源。一个人（群体）如果拥有使其他人为自己提供必要服务和利益的有效诱因的所有必要资源，那么他就受到了保护，不会变得依赖于任何人（群体）。二是替代资源。一个人（群体）如果在别的地方也能获得某种服务，有可以替代某种服务的提供者，那么他就不必非得依赖于某人（群体）。三是强制力量，如果拥有迫使别人（群体）提供必要的利益或服务的能力，那么他就不必依赖特定的人（群体）。四是减少需要，具体地说，一个人如果在没有某种服务的情况下也能过下去，那么他就不一定去依赖某种特定服务的提供者。

接着，布劳讨论了获得权力的条件。布劳把权力看作"个人或群体将其意志强加给其他人的能力"。获得与维持权力的战略是防止其他人选择保持社会独立性的任何一个条件方案。同时，强制其他人服从，使其他人知道只有服从才能获得他们所需要的东西。布劳也提出了获得权力的四个必要条件：一是对于他人能够提供给自己的作为交换的利益保持冷淡；二是对于别人需要的东西加以垄断；三是防止其他人为满足他们的需要而形成强制力量；四是别人需要他所能提供的利益。

在布劳的社会交换框架中，存在一系列的两难困境，这些两难困境正好体现了布劳交换理论的辩证色彩。

1. 共同利益与冲突利益的两难

布劳把交换看作一种混合的游戏，在这种游戏中，伙伴既有共同利益又有冲突利益。首先，交换伙伴中的各方总是希望在交换过程中得到的报酬比对方多，于是便在报酬方面产生了共同利益与冲突利益的两难。其次，交换伙伴在维持一种稳定的交换伙伴关系时也具有一种共同利益，但每个人都希望对方承担较大责任。这样，便在交换成本方面形成了共同利益与冲突利益的两难。

2. 吸引与反抗的两难

布劳认为吸引的纽带把个体团结成一个整体。但吸引本身也面临着两难的困境。一方面，给人以深刻印象的品质使一个人能吸引一个群体；另一方面，这一品质也对其他人的交换地位构成威胁。因而，这种吸引本身又可能产生反抗的威胁。

3. 赞同、支援与其价值的两难

个体需要赞同、支援来作为对他人的报酬，但赞同、支援太频繁会降低其价值。因此，一方面，个体要给予他人赞同、支援，并将赞同、支援作为一种回报形式，从而使交换能够维持和继续；另一方面，个体必须珍惜赞同、支援，以避免赞同、支援的贬值。

4. 获得赞同与保持独立性的两难

从权力的条件来看，领导者要获得对他人的权力必须保持社会独立性，而为了使权力合法化，他又必须从服从者那里获得社会赞同。要想获得社会赞同，就必须承认对交换伙伴也就是服从者的依赖，并自由地向他人提供资源，这无疑影响领导者的独立性。于是便形成了获得赞同与保持独立性的两难。

5. 权力反抗者的两难

作为权力反抗者中的一员，个体一方面要放弃其极端主义的理想与信仰，以提高个体在反抗者群体中的吸引力;另一方面他又必须为获得反抗运动中最虔诚成员的支持而保持这种信仰。

值得一提的是,布劳不仅提出了社会交换过程中的一系列两难的困境,而且对两难困境的解决之道进行了探讨。他认为,由不相容的要求带来的两难困境所需要的不仅是折中。面临这种两难困境的交换者一般是把他们的策略从注意一个角度转到照顾另一个角度上。例如,在吸引与反抗威胁的两难中,交换者往往试图首先给别人留下印象,以证明他们是吸引人的伙伴,然后表现出自我贬低性的谦虚,以抵消由于他们自身的行为举止所引起的对方地位受威胁的感觉,并且证明他们是容易接近的社会伙伴。同样,在群体和社会中发展起来的地位分化解决了某些基本上发生在不具结构的情境中的两难困境,但同时也产生了新的辩证力量。一旦某个人在一个群体中获得尊敬和服从,以及他的高级地位在其他成员中普遍地得到承认,群体便不再对他提出一个严重的两难困境。此外,如果在关系到他的贡献以及他们对他的感激的问题上,群体的其余成员达成了社会一致意见,那么这个上级可以称得上行为慷慨和谦虚,会赢得该群体对他的领导的合法化赞同。

(五)理论评价

布劳的理论虽然是以霍曼斯关于交换的心理学理论为基础,但是他不愿意接受霍曼斯把所有的社会过程都还原为心理学现象的观点。布劳关于社会结构的整体效应性质的看法避免了心理学的还原论,并赋予社会学一种特殊的对象。毫无疑问,与霍曼斯的心理学还原论相比。布劳的观点更符合社会学的传统,更容易为大多数社会学家所接受。

布劳对人的看法与其他结构功能主义者的看法是一致的,而与霍曼斯对人的看法不一样,布劳比霍曼斯更强调社会交换的经济基础,却忽视了霍曼斯所强调的行为心理学。与其说布劳关于人的看法接近霍曼斯的看法,不如说更接近帕森斯和默顿的看法。虽然布劳是按照传统的"利益"和"获得"概念看待经济动机的，但他相信，人们都是按照理性追求特定的目标的，这种目标的获得要受到社会结构中制约因素的限制。人们可以自由地选择目标，但必须在结构所允许的范围内。布劳把自己对社会结构的看法归纳为："我关于社会结构的概念是从对它的组成部分及其关系进行简单的、具体的定义开始的。社会结构的组成部分就是人组成的群体或阶级，如男人和女人、种族群体或社会经济阶层，这都是人们在不同群体和阶层中的位置。在这些部分内部及它们之间的互相联结就是不同群体和阶层的人们的社会关系。这种社会关系表现在他们的社会互动和沟通过程之中。"虽然布劳关于社会结构的概念与结构功能主义的概念和结构功能主义关于社会结构的概念不太相同，但是并不存在根本性的差别。

布劳的理论从社会学的角度改进了霍曼斯的理论，但是由于其理论本身的缺陷，也遭到了一些批评：布劳理论的最大弱点是它依赖于一个很重要的前提，即人类行为是以交换为指导的。这种过程是既定的，不能进行充分的证明和解释。如果一个人愿意接受关于交换在社会关系中重要性的前提，他就会追随布劳的理论。相反，如果一个人不能接受这个重要前提，而要接受布劳的理论是不可能的。

布劳对集体组织的定义过于宽泛，以致囊括了从小群体到复杂组织的全范围现象。除社区研究之外，社会学的大多数领域都落入了布劳集体组织的范畴之中。

尽管布劳的理论有一些缺点，但是在社会学理论中是半经典的。正如玛格丽特·波洛玛所言：由于他把权力和压迫看作社会现象。它超越了传统的功能主义。它没有静态功能理论的局限性，试图使读者注意到社会结构建立和维持的动态方面。因此，他的分析不仅是微观的，而且是宏观的。他既关心微观的社会，也关心宏观的社会，他力图证明怎样才能把某些基本的原则既应用于微观现象，也应用于宏观现象。他的理论的这些方面毫无疑问比那些不足更引人注目。

二、人际需求理论

（一）定义

社会心理学家舒茨提出人际需要的三维理论。舒茨认为，每一个个体在人际互动过程中，都有三种基本的需要，即包容需要、支配需要和情感需要（见图5）。这三种基本的人际需要决定了个体在人际交往中所采用的行为，以及如何描述、解释和预测他人行为。三种基本需要的形成与个体的早期成长经验密切相关。

图5　三维理论的三种基本需要

（二）理论基础

包容需要指个体想要与人接触、交往，想要隶属于某个群体，与他人建立并维持一种满意的相互关系的需要。在个体的成长过程中，若是社会交往的经历过少，父母与孩子之间缺乏正常的交往，儿童与同龄伙伴之间也缺乏适量的交往，那么，儿童的包容需要就没有得到满足，他们就会与他人形成否定的相互关系，产生焦虑，于是就倾向于形成低社会行为，在行为表现上倾向于内部言语，倾向于摆脱相互作用而与人保持距离，拒绝参加群体活动。如果个体在早期的成长经历中社会交往过多，包容需要得到过分的满足，他们又会形成超社会行为，在人际交往中，会过分地寻求与人接触、寻求他人的注意，过分地热衷于参加群体活动。相反，如果个体在早期能够与父母或他人进行有效的、适当的交往，他们就不会产生焦虑，而是形成理想的社会行为，这样的个体会依照具体的情境来决定自己的行为，决定自己是否应该参与群体活动，形成适当的社会行为。

支配需要指个体控制别人或被别人控制的需要，是个体在权力关系上与他人建立或维持满意人际关系的需要。个体在早期生活经历中，若是成长于既有要求又有自由度的民主气氛环境里，个体就会形成既乐于顺从又可以支配的民主型行为倾向，他们能够顺利解决人际关系中与控制有关的问题，能够根据实际情况适当地确定自己的地位和权力范围。如果个体早期生活在高度控制或控制不充分的情境里，他们就会倾向于形成专制型的或是服从型的行为方式。专制型行为方式的个体，表现为倾向于控制别人，却绝对反对别人控制自己，他们喜欢拥有最高统治地位，喜欢替别人做出决定。服从型行为方式的个体表现为过分顺从、依赖别人，完全拒绝支配别人，不愿意对任何事情或他人负责，在与他人交往时，这种人甘愿当配角。

情感需要指个体爱别人或被别人爱的需要，是个体在人际交往中建立并维持与他人亲密的情感联系的需要。当个体在早期经验中没有获得爱的满足时，个体就会倾向于形成低个人行为，他们表面上对人友好，但在个人的情感世界深处，却与他人保持距离，总是避免亲密的人际关系。若个体在早期经历中被溺爱，他就会形成超个人行为，这些个体在行为表现上是强烈地寻求爱，并总是在任何方面都试图与他人建立和保持情感联系，过分希望自己与别人有亲密的关系。而在早期生活中经历了适当的关心和爱的个体，则能形成理想的个人行为，他们总能适当地对待自己和他人，能适当地表现自己的情感和接受别人的情感，又不会产生爱的缺失感，他们自信自己会讨人喜爱，而且能够依据具体情况与别人保持一定的距离，也可以与他人建立亲密的关系。

（三）理论发展

1. 人际关系"主动和被动"的六种情况

人际关系的三种基本人际需要，即包容需要、支配需要和情感需要，按照"主动和被动"模式，具体分成以下六种情况。

一是主动包容式。如果与父母沟通融洽，就会形成理想的社会行为。无论是群居还是独处，都会有满足感，并能够根据不同情境，选择适合此时此刻的行为方式。个人能够主动与他人交往，积极参与社会生活，热情为他人服务。

二是被动包容式。被动包容式往往期待他人能够接纳自己，过于注重他人的看法评价，生活中容易退缩，感到孤独。与父母交往少，就会出现低社会行为，倾向于内部言语，与他人保持距离，不愿意参加群体活动。对双亲过分依赖，就会形成超社会行为，总是寻求接触，表现忙碌，寻求给予注意；往往展现出表现型人格特征。

三是主动支配式。主动支配式喜欢控制他人，运用权力，喜欢做领导，发号施令。父母如果过分控制，就容易形成专制式的行为方式，长大后倾向于控制他人，做事容易独断专行。或者形成拒绝支配式的行为方式，表现出顺从，不愿意负责，拒绝支配他人的情况；往往显得焦虑过重，防御倾向明显，做事过于谨慎。

四是被动支配式。被动支配式期待他人引导，愿意追随他人，等着别人下达指令。往往缺少个人主见，生活状态被动，显得消极。

五是主动情感式。主动情感式表现出对他人的喜爱、友善、同情，以及亲密感。如果能获得父母适当的关心爱护，就会形成理想的个人行为。长大后既不会受宠若惊，也没有爱的缺失，能够恰当对待自己。

六是被动情感式。被动情感式对他人显得冷淡，负面情绪较重，但期待他人对自己亲密。这种情况源于小时候得不到双亲的关爱，经常面对冷淡与训斥，长大后就会出现低个人行为；表面友好，但情感距离过大，常常担心不受欢迎，不被喜爱，从而避免有亲密关系。如果生活在溺爱环境中，长大后会表现出超个人行为，如强烈寻求爱，希望与他人建立亲密的关系。可见，这两种极端情况对成长都不利。

2. 人际关系周期的三阶段

人际关系的周期包括三阶段，分别为开始或建立阶段、稳定阶段和瓦解阶段。

开始或建立阶段：开始或建立关系最主要的是必须提供信息。我们提供自己的信息可以使别人较正确地认识我们，我们寻求别人的信息以便决定是否要和他们发展关系。此阶段，人们互相吸引、开始谈话、谈话持续和迈向亲密。

稳定阶段：当双方有了满意的关系，不论是认识的人、朋友或亲密朋友，他们将期待稳定，即让某种程度的关系维持一段时间。借由描述性的陈述、平等态度陈述、坦诚陈述和有保留的陈述等技巧培育良好的人际关系。

瓦解阶段：有些时候不论一方多么盼望关系能更稳定或更强化，有些关系仍然走上结束之路。有时候当关系结束时，我们会伤心，但是有时候则是一种解脱。不管感觉如何，人们应该知道如何结束关系。运用好人际沟通技巧可使关系破裂的伤害性减轻。

（四）理论运用

个体在人际互动过程中，都有三种基本的需要，即包容需要、支配需要和情感需要。这三种基本人际需要可以延伸应用到各个领域和人际交往场景中。

运用到职场中的人际沟通场景以及生活中的其他沟通场景中，可以有效解决沟通不畅、沟通冲突等问题，达到沟通目的。沟通是为了达成沟通发起者想要实现的目的，那么沟通发起者需要分析沟通的切入点，放在人际需求理论中来说，也就是了解沟通接收者的需求所在，并围绕情感需求、包容需求、支配需求三大需求或者其他需求，分析想要达成的是不是对方所需要的，是否和对方利益有冲突，或者用对方能接受的方式展开沟通。

（五）理论评价

现代社会中，人们普遍忙于工作、学业，除了关注与自己有直接利害关系的人之外，对身边其他人的关注度都不高，不知不觉间，彼此间的心理距离越拉越大，觉得周围的人冷漠、自私、不关心自己，自己有话不容易找人说，从而变得孤独、压抑、不快乐。实际上，这些问题都是自己造成的。自己对别人的苦乐忧喜没有用心，没有付出，怎么会有回报呢？如果能够用心感知别人的情绪，这种状况就会改变。

对方的眼神、表情、姿态、声音，都会告诉我们此刻他的身心状态：身体舒服不舒服，心情是好还是坏。感知到对方的情绪，还要进一步分析其产生的原因，先观察其负面情绪是不是我们引发的。例如，不敲门就进入别人的房间，离开时又忘了关门；洗完手四处乱甩，水珠溅到别人脸上；起身时拖动椅子，发出刺耳的声音；走廊里大声说话；等等，这些虽是细微之处，却会给别人带来不快。

说话、做事没有考虑别人的感受，更是给别人带来烦恼和痛苦：刻薄的话语、嘲讽的语气、轻蔑的眼神、冷漠的表情、粗鲁的动作、无所谓的态度、嫉妒的心理等，都是无形的刀剑，在别人心上划下伤痕。每个人都体验过被伤害的痛苦，也体会过被关爱的快乐，推己及人，经常给别人带来麻烦和不快乐，不可能有和谐的人际关系。

如果对方对我们有不正确的看法、不合理的对待，我们必须先告诫自己，不能愤怒和憎恨。用心去感受对方此时的身心状态，会发现他正被不良情绪折磨，内心已经失去了安宁和快乐。如果我们也情绪失控，无异于在对方的伤口上撒盐，也等于用别人的错误惩罚自己。倘若不合理的对待对自己的影响不是太大，不妨接受、包容，等待合适的机会进行善意的沟通。若双方互不相让，只有自讨苦吃。当然，包容不等于纵容，如果退让只会招致更坏的负面结果，就必须采取适当的对策，但前提一定是不能出于愤怒和憎恨。假如对方的负面情绪不是我们造成的，我们也可以用心去感知对方现在最需要什么。体会他的烦恼，缩短彼此间心理距离，促使双方更加亲近。

三、交互决定论

交互决定论（reciprocal determinism），是 20 世纪 70 年代美国心理学家班杜拉提出的关于人的行为的决定因素的理论。该理论认为人与环境是相互作用的，人通过自己的行动创造环境条件，这些条件又会对人的行为产生影响。

（一）理论基础

班杜拉反对传统的行为公式"B=f（P，E）"，把人（P）与环境（E）视为独立的影响行为（B）的因素，也不同意传统的"B=f（P⇌E）"的行为公式，把人和环境描述为两个相互依赖的行为原因（见图6）。

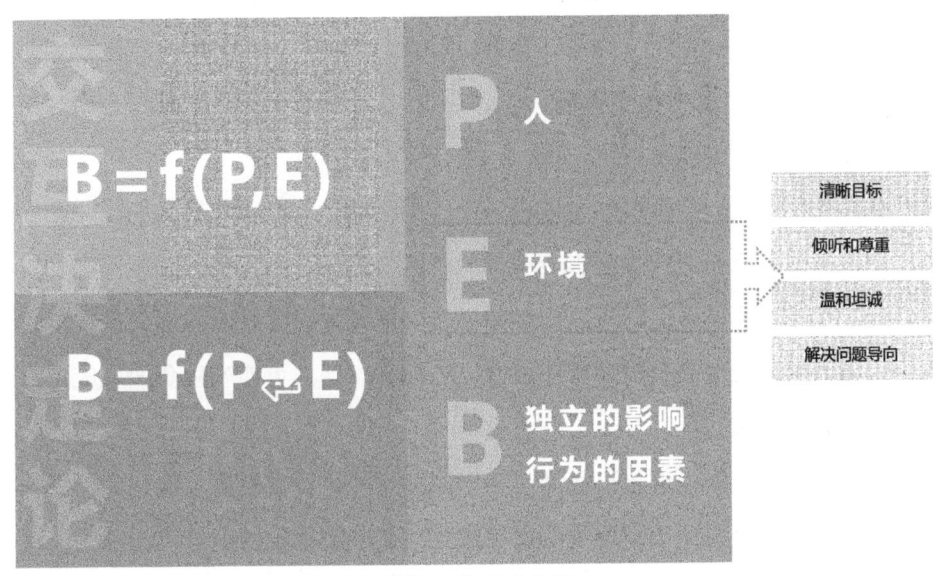

图 6 交互决定论

该理论认为人与环境是相互作用的，人通过自己的行动创造环境条件，这些条件又以交互作用的方式对人的行为产生影响，同时由于行为产生的经验亦可部分地决定一个人将成为什么样的人，这些又反过来影响人以后的行为，即相互作用是一种交互决定的过程，其中环境、人与行为都是相互连接起作用的决定因素，环境、人格特征影响行为，行为亦会引起环境及个体自身的改变。

环境不仅是行为的原因，也是行为的结果，不同的人格特征使个体选择不同的环境。

不同的场合、不同的行为，这些相互依赖的因素产生的相对影响各不相同。有时，人的因素会成为环境事态发展的重要调节者；有时，环境因素会对行为发挥巨大的强制作用。

（二）理论发展

交互决定论是班杜拉社会学习理论的核心部分之一，它主要关注的是个体与环境之间的交互作用，以及这种交互作用如何决定人的行为。

班杜拉认为，人的行为不仅受到内部因素的影响，还受到外部环境的影响，而人的行为反过来也会影响环境，因此，人与环境之间存在一个相互依赖、相互决定的交互作用过程。

在沟通中，这种交互决定论表现为个体的沟通行为会影响他人的反应和评价，而他人的反应和评价也会影响个体的行为。例如，当一个人表现出温和、友善的态度时，他人可能回报以同样的态度，从而促进良好的人际关系发展。相反，当一个人表现出攻击性或态度冷漠一面时，他人可能产生负面反应，从而影响沟通的效果。

此外，班杜拉还强调了自我调节在学习和行为中的重要性。他认为，个体通过自我观察、自我评价和自我纠正等过程，可以主动地控制自己的行为并改变环境。例如，当一个人意识到自己的沟通方式可能存在问题时，他可以通过反思和学习来改进自己的沟通技巧，从而改善人际关系。

班杜拉认为人的内部因素包括认知、动机和情感等方面。这些因素相互作用，共同影响人的行为和环境。

认知是人们对周围世界的理解和思考。在沟通中，认知可以帮助个体理解他人的观点和意图，从而更好地应对和回应他人的言行。同时，认知也可以影响个体对环境的感知和反应方式。

动机是人们行动的原因和动力。在沟通中，动机可以驱使个体采取某种行动或避免某种行为。例如，当个体感到自己的利益受到威胁时，可能采取行动来保护自己的利益。

情感是人们对周围世界的情感反应。在沟通中，情感可以影响个体的行为和反应方式。例如，当个体感到愉快时，可能采取积极行为；当个体感到沮丧时，可能采取消极的行为。

（三）理论运用

交互决定论应用在沟通学领域，它强调在沟通过程中，个体之间的相互影响和交互作用。交互决定论认为，有效的沟通不仅是一方对另一方的单向影响，还是在群体中成员之间的相互作用和影响。

根据交互决定论，当两个人或两个群体交流时，他们之间的相互影响是复杂的。一方可能受到另一方语言、表情、动作等方面的影响，这种影响可能导致情绪上的"共鸣"，并在群体中迅速蔓延开来。这种共鸣和影响可以在群体成员之间产生共同的情感和行为，从而促进有效的沟通和合作。

在沟通中，交互决定论可以解释为什么有效的沟通需要双方的倾听和尊重。只有当双方都能够充分地倾听对方并尊重对方的观点和经验时，才能建立有效的沟通。同时，这个理论也强调了温和坦诚的表达和以解决问题为导向的沟通的重要性。温和坦诚的表达可以建立信任和共识；而以解决问题为导向的沟通可以避免双方陷入指责和批评的循环，从而找到解决问题的办法。

总之，交互决定论提供了一个框架，帮助我们理解沟通中的复杂性和动态性。它强调了建立信任、尊重他人、温和表达和解决问题的重要性，这些要素对于实现有效沟通是至关重要的。

（四）理论评价

交互决定论是一种具有重要影响力的心理学理论，它为理解人的行为提供了独特的视角。班杜拉认为，人的行为和环境之间存在相互影响和相互作用的关系，而不是单向的决定关系。这种观点有助于我们更好地理解人的行为和环境之间的复杂关系，并为我们提供一种框架来应对现代社会中的各种挑战。

首先，交互决定论强调了人的认知在行为决定中的重要性。在班杜拉看来，人的认知过程是行为和环境之间相互作用的中介。人们通过认知过程对环境进行感知和理解，并以此为依据做出行为决策。同时，人们的认知也会受到环境的影响，如文化背景、社会地位和个人经验等。这种认知与行为之间的相互作用关系有助于我们更好地理解人类行为的多样性和可塑性。

其次，交互决定论认为环境对人的行为也有重要影响。环境包括物理环境、社会环境和文化环境等方面。这些环境因素直接或间接地影响人的行为和认知。例如，社会环境和文化环境会影响人们对行为的期望和价值观，而物理环境可能直接影响人们的行为和健康。因此，在交互决定论中，环境被视为一个重要因素，它与人的认知和行为之间存在相互作用的关系。

最后，交互决定论还强调了人的行为对环境的反作用。人们的行为不仅受到环境的影响，也会对环境产生影响。例如，个人的行为习惯可能影响整个家庭和社会的生活方式和文化。因此，交互决定论不仅关注环境对行为的影响，也关注行为对环境的改变。

总的来说，交互决定论提供了一种新的视角来帮助我们理解人的行为和环境之间的关系。它强调了人的认知、环境和行为之间的相互作用和相互影响，为我们更好地应对现代社会中的各种挑战提供了理论支持和实践指导。

四、公平理论

（一）定义

公平理论由美国心理学家约翰·斯塔希·亚当斯（John Stacey Adams）于 1965 年提出，其认为员工的激励程度来源于对自己和参照对象的报酬和投入的比例的主观比较感觉。

该理论是研究人的动机和知觉关系的一种激励理论，在亚当斯的《工人关于工资不公平的内心冲突同其生产率的关系》（1962，与罗森鲍姆合写）、《工资不公平对工作质量的影响》（1964，与雅各布森合写）、《社会交换中的不公平》（1965）等著作中有所涉及，侧重于研究工资报酬分配的合理性、公平性及其对职工生产积极性的影响。

公平理论所研究的公平是管理意义上的分配公平感。分配公平感是人们对组织资源或奖酬的分配，尤其是涉及自身利益的分配是否公正合理时的个人判断和感受。员工对分配是否公平的认识和判断直接影响其工作积极性。

（二）理论基础

公平理论的基本观点是，当一个人做出了成绩并取得了报酬以后，他不仅关心自己所得报酬的绝对量，而且关心自己所得报酬的相对量。因此，他要进行种种比较来确定自己所获报酬是否合理，比较的结果将直接影响今后工作的积极性。其基本内容如下所述。

1. 公平是激励的动力

公平理论认为，人能否受到激励，不但根据他们得到了什么而定，而且根据他们所得与别人所得是否公平而定。

这种理论的心理学依据，就是人的知觉对于人的动机的影响关系很大。公平理论还指出，一个人不仅关心自己所得所失本身，还关心与别人所得所失的关系。他们是以相对付出和相对报酬来全面衡量自己的得失的。

2. 不公平的心理行为

当人们感到不公平时，心里会产生苦恼，呈现紧张不安的状态，导致行为动机下降，工作效率下降，甚至出现逆反行为。个体为了消除不安，一般会做出以下行为：通过自我解释达到自我安慰，主观上造成一种公平的假象，以消除不安；更换对比对象，以获得主观的公平；采取一定行为，改变自己或他人的得失状况；发泄怨气，制造矛盾；暂时忍耐或逃避。

公平理论有两个假设条件。一是个体会评估他的社会关系。所谓社会关系，就是个体在付出或投资时希望获得某种回报的交易过程。在这种交易过程中，个体进行投入，期望获得一定的收益。例如，你希望获得额外的收入（收益），作为一段时间努力工作（投入）的结果。个体对于自己所付出的时间和精力都是有所期望的。二是个体并不是无中生有地评估公平，而是把自己的境况与他人比较，以此判断自己的状况是否公平。

（三）理论发展

1. 不完全信息往往使"比较"脱离客观实际

公平理论的核心是与他人比较，所以比较的结果是否符合客观实际，取决于人们对比较对象的投入和产出情况是否具有完全信息。而在现实中，人们往往不能够对比较对象的投入和产出情况有足够的了解，往往把自己的实际情况和他人的不完全信息进行比较。于是，对本来客观合理的现实，主观上也可能感到不公平。人们往往有"看人挑担轻松"的知觉心理，过高地评价自己的成绩，低估他人的成绩，甚至只比拿钱多少，不比贡献大小。

2. "主观评价"易使"比较"失去客观标准

既然公平感是一种主观感受，那么，主观认识就会极大地受到认知主体的价值观念、知识经验、意识形态、世界观等的影响。所以，不同个体对同种报酬的效用、同种投入的价值的评价都有可能不同。例如，有的人把工资（奖金）看得比晋升更重要，有的人却把晋升看得更重要；有的人认为学历更重要，有的人认为经验更重要等。这就使"比较"失去了客观标准，即便两个人的投入产出比完全相当，但两个人均可能感到不公平。

3."投入"和"产出"形式的多样性使得"比较"难以进行

按照公平理论，投入和产出均具有多种具体表现形式。在现实生活中，每个人投入的具体形式不尽相同，即不同个体在年龄、性别、所受教育、经验、技能、资历、职务、努力程度、对组织的忠诚度等方面不可能完全相同。如甲有的是学历，乙有的是资历。那么，是学历重要还是资历重要呢？况且，经验、努力程度、忠诚等因素实在难于比较，即使是学历相同，还有不同专业、不同学校、不同年代之分，同样引起认识上的分歧。

在工作中，首先，人们的公平感取决于所得报酬的绝对值。人们之所以希望得到报酬，是为了满足一定的需要、实现一定的目标。如果所得报酬能满足这种需要，则发挥了较好的激励作用，人们就会感到公平。若不能满足，则不能发挥激励作用，人们就会感到不公平。例如，某人在组织里的投入产出比尽管与别人的相当，但因为其家庭负担重，薪酬水平甚至不能养活家人（不能满足需要），他依然感到强烈的不公平。而另外一些人由于负担轻，薪酬水平已经足够满足需要，自然感到公平。

其次，人们的公平感还取决于期望值。人们在加盟新组织或接受一项新任务（新工作）时，总有一定的预期，期望自己的投入能得到一定的产出。在以后影响人们公平感的也可能是这种期望值的大小，而不是通过对比得来的相对值。如果实际得到的报酬等于预期报酬，员工就会感到公平；如果实际得到的报酬小于预期报酬，员工就会感到不公平。

人们的公平感最终来自"认同感"。组织中的个人是否感到公平，最终取决于员工对自己在这个组织中所处的位置是否认同。什么是"认同感"？厉以宁教授举了一个很好的例子：一个家庭有三个孩子，第一个孩子上学时家庭困难，家里只能供他读到中学毕业；到第二个孩子上学时家庭条件好些了，家里供他上大学；到第三个孩子时家庭富裕了，可以供他出国留学。三个孩子对这个家庭是认同的，他们会觉得家庭对自己是公平的，因为他们对家庭历史状况是谅解的。20世纪70年代，往往是老大穿新衣服，老二穿旧衣服，老三穿补丁的衣服，老四穿补了又补的衣服。但孩子决不会认为父母对自己不公平，因为他们对家庭状况是谅解的、是认同的。同样，组织中的个人如果对组织有认同感，即便报酬低一点，投入多一点也无所谓，更不会产生不公平感。也就是说，本来不公平的现实，也因为这种认同使人们并没有感到不公平。相反，如果组织中的个人对组织不认同，那么无论报酬有多高，员工也会感到不公平。

公平理论如图7所示。

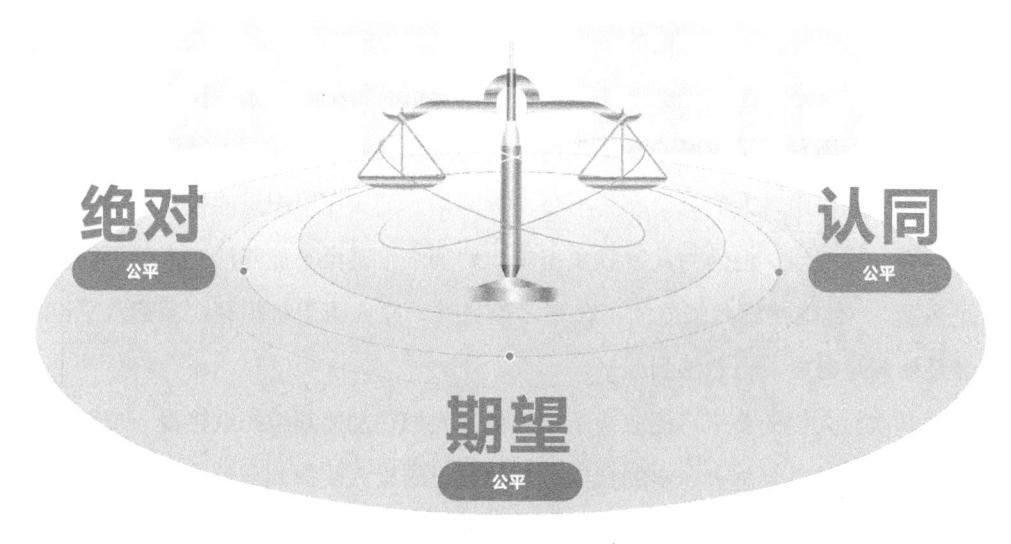

图7 公平理论示意

（四）理论运用

在人力资源开发与管理过程中，为了避免员工产生不公平的感觉，针对员工产生不公平感的原因，组织应采取措施，制定一套行之有效的制度，营造一种公平合理的氛围，使员工产生一种主观上的公平感。建议措施如下所述。

1. 建立有效的人力资源激励制度

人力资源管理制度包括绩效考评制度、薪酬管理制度、晋升机制,以及奖惩制度等,这一系列的制度对组织管理的公平起着极其重要的作用。

(1) 建立科学的绩效考评制度和薪酬管理制度

要在组织中进行科学的工作分析,对各岗位职责、重要程度、任职资格等进行客观分析。确立组织的工作目标,并将员工的目标与组织的目标统一起来。针对员工的工作成果和工作能力,应用科学的考核方法使考核周期系统化,让员工在相互比较时感受到分配公平。

(2) 完善员工参与制度

大量事实表明,员工有参与的权利,而且实际参与后,员工的公平感就会显著提高。

(3) 建立申诉制度

申诉是产生公平感的重要影响因素。推行民主参与制,申诉是其重要的组成部分。缺乏申诉制度将难以使人信服。

(4) 建立监督制度

员工对组织制度往往并不是十分了解,信息时常会出现偏差。为了保证制度的严格执行,必须设立相应的机构,负责监督制度的执行情况。值得注意的是,监督者应该从利益上与被监督者分离,而且监督者本身也要接受监督,如实行公示制度、责任追究制度、新闻监督制度等,真正将监督落到实处,使管理者严格按制度办事,提高员工组织公平感。

(5) 完善组织的沟通体系

员工常常站在自己的角度判断其投入和产出,对其他方面的投入产出情况常是主观臆测,这样容易造成认知失误。一个完善的沟通体系有助于在组织与员工间建立信任关系,帮助员工全面、客观地评价组织与员工之间的投入产出情况。

（6）建立科学合理的用人和晋升制度

员工在组织中担当重任是其个人价值得到实现的重要方式之一。科学合理的用人和晋升制度有利于员工朝着既定目标努力，当组织目标与个人价值目标一致时，员工会增加其对工作的投入以实现自我价值。即使得不到晋升，员工也会因制度公平而减少不公平感，并进一步以此指导以后的工作。

2. 提高领导的自身素质，有效保证激励效果

管理者的管理方式和个人意志直接影响企业管理过程的公平性。在与领导者相关的一些因素上，如领导者任人唯亲、领导关怀差异化、管理执行中有偏见，以及领导不尊重员工等，都会导致员工的不公平感上升。因此，要改进管理方式，克服管理的主观随意性，保证制度的执行力和稳定性，对员工一视同仁。

3. 加强对员工价值观的培养，开展有效的心理疏导

从员工的角度来说，当产生不公平的感觉时，应该理智、客观、全面地看待这个问题。加强自身道德思想、价值观念的学习，对自己、对别人要正确、客观地评价，通过角度转换完善自己内心衡量公平与否的标准，克服平均主义思想导致的不公平感。

（五）理论评价

公平理论为组织管理者公平对待每一名职工提供了一种分析处理问题的方法，对于组织管理有较大的启示意义。

1. 管理者要引导职工形成正确的公平感

职工的社会比较或历史比较客观存在，并且这种比较往往是个人的主观感受，因此，管理者要多做正确的引导，使职工形成正确的公平感。在人们的心理活动中，人们往往会过高估计自己的贡献和作用，压低他人的绩效和付出，总认为自己的报酬偏低，从而产生不公平的心理。随着信息技术的发展，人们的社会交往越来越广，比较范围越来越大，以及收入差距增大的社会现实，都

增加了职工产生不公平感的可能性。组织管理者要引导职工正确进行比较，多看到他人的长处，认识自己的短处，客观公正地选择比较基准，多在自己所在的地区、行业内比较，尽可能看到自己报酬的提高，避免盲目攀比而造成的不公平感。

2. 职工的公平感将影响整个组织的积极性

事实表明，职工的公平感不仅对职工个体行为有直接影响，还将通过个体行为影响整个组织的积极性。在组织管理中，管理者要着力营造一种公平的氛围：正确引导职工言论，减少因不正常的舆论传播而产生的消极情绪；要经常深入职工中，了解职工工作、生活中的实际困难，并及时帮助解决；关心照顾弱势群体，必要时可根据实际情况给予补助等。

3. 领导者的管理行为必须遵循公正原则

领导行为是否公正将直接影响职工对比较对象的正确选择，如领导处事不公，职工必将选择受领导"照顾者"作比较基准，以致增大比较结果的反差而产生不公平心理。因此，组织管理者要平等地对待每一位职工，公正地处理每一件事情，依法行政，避免情感因素导致的管理行为不公正。同时，也应注意，公平是相对的，是相对于比较对象的一种平衡，而不是平均。在分配问题上，必须坚持"效率优先，兼顾公平"的原则，允许一部分人通过诚实劳动和合法经营先富起来，带动后富者不断改变现状，逐步实现共同富裕，否则就会出现"大锅饭"现象，使组织运行机制失去活力。

4. 报酬的分配要有利于建立科学的激励机制

对职工报酬的分配要体现"多劳多得，质优多得，责重多得"的原则，坚持精神激励与物质激励相结合的办法。在物质报酬的分配上，应正确发挥竞争机制的激励作用，合理拉开分配差距体现公平；在精神上，要采用关心、鼓励、表扬等方式，使职工体验到受到重视的感觉，使其品尝到成功的欣慰与自我实现的快乐，自觉地将个人目标与组织目标整合一致，形成无私奉献的职业责任感。

五、参照群体理论

（一）定义

参照群体理论是关于非接触人际互动的理论。参照群体，即为个人提供和维持各种标准和提供比较框架的群体，它是个人内心认同并归属的群体。个人把参照群体的标准作为其评判他人的依据和作为自身社会观、价值观的基础。因此，在这里参照群体就具有了两个功能：规范功能和比较功能。这两个功能在某种程度上都对行动者有制约作用。

（二）理论基础

在日常生活中，个人经常以自身所处群体之外的其他群体的制度和规范来衡量和评价自我，形成参照性的自我意识。该理论认为，以自身所处群体的制度与规范及相同资格成员为标准来评价自己、形成自我意识，对人格或行为模式的变化并无明显的影响，而当个人的评价标准移向其他群体，特别是以其他群体中与自己资格相同的成员为参照来评价自己时，原有的人格和行为模式就要受到威胁。

在薪水、奖赏、生活条件和工作条件等方面，个人发现自己同其他群体中同样资格的人有很大差别时，对本群体制度和规范的不满情绪就会产生，违背本群体制度和规范，赞同其他群体行为模式，甚至脱离原来群体而转入其他群体。

该理论指出，这种情况的出现并非对社会发展无益，因为这可以促进社会成员在不同社会群体中的流动，使各种社会群体在竞争中加强联系，有利于提高社会整合程度。

（三）理论发展

1. 参照群体的种类

参照群体一般可以分为以下三种类型。

一是成员资格型参照群体。人们从事各种职业，具有不同的信仰和兴趣爱好，因此他们都属于不同的社会团体。由于社会团体需要协同行为，作为团体成员，其行为目标必须同团体的行为目标相一致，不同团体具有不同的性质，因此它们对其成员行为影响强度也是不同的。军人必须穿军装，严肃风纪，这时候带有强制性的纪律。文艺工作者穿着打扮比较浪漫，比一般人更丰富多彩，其并不是文艺团体对其成员硬性规定的结果，而是一种职业特征的体现。国外有各种球迷协会，其成员佩戴共同的标志，经常在某一咖啡馆聚会，甚至购买同一种商品，这种行为显然是自愿的。

二是接触型参照群体。人们能够参加的团体数目是有限的，但是人们接触各种团体的机会是很多的，人们都有自己的父母、兄弟、亲戚、朋友、同事、老师、邻居，这些人分属于各种社会团体，人们可以通过他们与各种团体有所接触。接触型参照群体对个体行为同样产生一定的影响，父母从事文艺工作或教育工作，子女从小耳濡目染爱好文艺，具有一定的艺术鉴赏力，或注意仪表，酷爱读书。某人的亲戚、朋友是医生，受他们的影响，此人在生活中比较讲究卫生，更注重食物提供的营养。某人的邻居是一位体育工作者，他就有机会更多地了解国内外体育市场的发展状态，观看各种体育比赛，甚至受邻居的影响参加各种体育活动。

三是向往型参照群体。除参与接触之外，人们还可以通过各种大众媒介了解各种社会团体。向往型参照群体，是那些与个体没有任何联系，但对个体又有巨大吸引力的团体。人们通常会向往某一种职业，羡慕某一种生活方式，甚至崇拜某一群体的杰出人物。尤其是那些对未来充满理想和憧憬的青年人，这种向往就显得尤为明显。当这种向往不能成为现实的时候，人们往往通过模仿来满足这种向往心理需求。女孩子会模仿明星、演员、妈妈、有地位的权威人士，男孩子会模仿运动员、动画片中的英雄，成年人也会模仿某些有影响力的人物的发型、服饰、谈吐。向往型参照群体对个体的行为影响是间接的，但由于这种影响与个体的内在渴望相一致，因此效果往往是很明显的。

2.参照群体的影响方式

人们总希望自己富有个性和与众不同，然而群体的影响又无处不在，不管是否愿意承认，每个人都有与各种群体保持一致的倾向。回想学生时代，你会惊奇地发现，除男女性别及其在穿着上的差异外，大部分人衣着十分相似。同理，学校的教师群体，公司的同事，都有可能存在这种情况。事实上，如果一位平时穿着休闲的同事穿着较为正式的衣服来上班，大家通常会问他是不是要去参加什么活动，人们认为这是他穿着正式的原因。请注意，作为个体，我们并未将这种行为视为从众。尽管我们时常要有意识地决定是否遵从群体，通常情况下，"我"是无意识地和群体保持一致的。

参照群体对个体的影响，通常表现为三种形式，即规范性影响、信息性影响、价值表现上的影响。

规范性影响是由于群体规范的作用对个体的行为产生影响。规范是在一定社会背景下，群体对其所属成员行为合适性的期待，它是群体为其成员确定的行为标准。无论何时，只要有群体存在，无须经过任何语言沟通和直接思考，规范就会迅速发挥作用。规范性影响之所以发生和发挥作用，是因为奖励和惩罚的存在。为了获得奖赏和避免惩罚，个体会按照群体的期待行事。如果某种行为是被社会接受和赞许的，个体就倾向于做出这种行为，利用的就是群体对个体的规范性影响。同样，宣称不做出某种反应和行为就得不到群体的认可，也运用了规范性影响。

信息性影响指参照群体成员的行为、观念、意见被个体作为有用的信息予以参考，由此在其行为上产生影响。例如，个体想购入某种物品，对所购物品缺乏了解，凭眼看手摸难以对产品品质做出判断时，别人的使用和推荐将被视为非常有用的证据。群体在这一方面对个体的影响，取决于被影响者与群体成员的相似性，以及施加影响的群体成员的专长性。例如，某人发现好几位朋友都在用同一种品牌的护肤品，于是其决定试用一下，因为这么多位朋友使用它，意味着该品牌一定有其优点和特色。

价值表现上的影响指个体自觉遵循或内化参照群体所具有的信念和价值观，从而在行为上保持一致。例如，个体认为那些有艺术气质和素养的人，通常是留长发、蓄络腮胡、不修边幅，于是他也留起了长发，穿着打扮也不拘一格，以反映他所理解的那种艺术家的形象。此时，该个体就是在价值表现上受到参照群体的影响。个体之所以在无需外在奖惩的情况下自觉依群体的规范和信念行事，主要是基于两方面力量的驱动。一是个体可利用臣服群体来表现自我，来提升自我形象。二是个体可能特别喜欢该参照群体，对该群体非常忠诚，并希望与之建立和保持长期的关系，从而视群体价值观为自身的价值观。

3. 影响个体选择参照群体的因素

个体选择什么样的群体作为自己的参照群体取决于多方面因素的影响，下面对它们作简要分析。

（1）相关程度

一是社会结构。社会结构主要影响人们对于相关性的判断。处于相同社会结构位置的人，更容易成为彼此的参照对象，如相同的职业、相同的学历。因为参照群体的主要功能之一是预期社会化，所以社会结构的稳定性会直接影响人们对于参照群体的选择。在一个具有流动性、相对开放的社会中，人们更可能进行跨阶层比较，尽管这种流动性可能是现实的，也可能是虚幻的。而在一个等级森严的分层结构中，每一个阶层的人就不太会把其他阶层的处境作为评价自己命运的背景。

二是人口学特征。人口学特征主要影响人们对相关性程度的判断，人口学特征包括性别、年龄等因素。例如，男性和女性对工作的期望和投入有差别，不同性别之间的可比较性不同，所以人们会更多地选择同性别的参照对象。

三是主观意愿。个人对群体的参与意愿及心理动机均会影响人们对相关程度的判断。首先，个体对群体的参与意愿会影响他们参照群体的选择。其次，人们的心理动机也会影响人们参照群体的选择。人们选择参照对象可能出于三种不同的动机：公平、自我强化、自我贬损。有强烈自我强化动机的人会不断向下比较，直到找到一个使自己处于有利地位的参照对象。具有自我贬损动机的人则恰恰相反。

（2）认知因素

人们身处的客观社会环境会直接影响人们参照群体的选择，外在的客观因素需要通过主观认知才能对人们的参照群体选择过程产生影响。包括自我效能、知觉到的组织气氛，以及公平敏感性在内的主观因素都会影响人们参照群体的选择。例如，自我效能感较高的人更可能采用自我参照，即以自己过去的状态为参照对象；而自我效能感较低的人更有可能以周围人群为参照对象。

（3）信息的可获得程度

一是社会距离（社会环境）。社会距离主要影响人们对信息的可获得程度。社会距离与人们的互动紧密相关：与谁互动，互动的频繁程度与深度，倾向于与哪些人群互动等。

二是可观察性。可观察性也主要影响人们对信息的可获得程度。参照群体假定，那些把自己命运与他人命运做比较的人对于他人处境有所知晓。组织的环境越开放，人们就越有可能选取组织中的人作为自己的参照对象。

（四）理论运用

1. 名人效应

名人或公众人物如影星、歌星、体育明星，作为参照群体对公众，尤其是对崇拜他们的受众具有巨大的影响力和感召力。对很多人来说，名人代表了一种理想化的生活模式。正因为如此，企业不惜花巨额费用聘请名人来代言产品。研究发现，用名人作支持的广告较不用名人的广告评价更正面和积极，这一点在青少年群体中体现得更为明显。

运用名人效应的方式多种多样，如：可以聘请名人作为产品或公司的代言人，即将名人与产品或公司联系起来；可以用名人作证词广告，让其讲述产品或服务的优点和长处，或介绍其使用该产品或服务的体验；可以将名人的名字用于产品或包装上等。

2. 专家效应

专家是在某一专业领域受过专门训练，具有专门知识、经验和特长的人。医生、律师、营养学家等均是各自领域的专家，专家所具有的丰富知识和经验，使其在沟通场景中的发言较一般人更具有权威性，从而产生专家所特有的公信力和影响力。

实际上，名人效应和专家效应我们也可以理解为榜样的力量，在沟通中我们可能经常提到"向某某学习""向某某看齐"，这就是使用了这种效应。但是，需要注意的是，沟通发起者选择的榜样应是沟通接收者所认同的参照群体的代表人物，否则适得其反，引起对方的逆反心理，使沟通发展到不可进行的地步。

3. 普通人效应

与上述两个效应不同的是，普通人效应是以与个体相似、近似的个体或群体为参照，因为相似度高会使个体感觉到亲近，从而更容易引起共鸣。

心理咨询中有一种叫作"一般化"的技术，一般用于短期治疗。当来访者自述最近的困扰时，咨询师回以"没关系，大家都有这个困扰"类似的话，将来访者的症状一般化，可以有效改善对方的焦虑情绪，使他接纳自己的问题。其实，在现实生活中与人谈论问题时，如果用"一般化技术"来回应对方，意思是他所处的困境及其反应是多数人都会发生的，是常态化、暂时性或仍有改变的可能性的一种体现，让当事人觉得自己并不是那么孤单，还有人跟他一样，就能减轻对方的焦虑感，去除绝对化、糟糕至极的感受。这实际上也是普通人效应的一种应用，在日常沟通中，无论是在生活里还是工作中，可以达到"原来大家也是这样，那我好像没那么担心了"的沟通效果，安抚对方情绪，使沟通进行下去。

（五）理论评价

参照群体的功能，即规范性的功能，通过设立一定的行为标准迫使个体遵循。个体在认同参照群体的过程中，获得一定的社会规范，从而社会化。

比较性的功能，即个体可以将参照群体与自己做比较或者与他人做比较。在这种与自我或他人的比较过程中，个体能够确定自己的价值、社会地位，获得一定的满足感，或者产生一定的"相对剥夺"的感受。例如，在一批走向工作岗位的同学中，有的人工资收入较高，有的人较少。收入较高的人，在比较中会获得一定的满足感。而那些收入较低的人，尽管收入的绝对值已经不错了，但与其他同学相比要少一点，在比较中他会感到一种相对的剥夺感。

第二部分
向上沟通

社会交换理论由霍曼斯创立，主要代表人物有布劳、埃默森等。这一理论主张人类的一切行为都受到某种能够带来奖励和报酬的交换活动的支配，人类一切社会活动都可以归结为一种交换，人们在社会交换中所结成的社会关系也是一种交换关系。同时，在建立关系的过程中也会受到各方面的影响，主要有以下三点。

沟通关系：指交换发展时期与交换伙伴间关系的特点和性质。在社会交往过程中，沟通对象通常是存在一定关系的，人们会根据远近亲疏的关系来选择最恰当的交换报酬方式。因此，在沟通场景里，应主要考虑对象与自己的关系特点和性质。

沟通成本：即社会报酬的性质和提供它们时付出的成本。建立人际关系时，主要考虑事件本身是否值得付出成本，以及自身需付出多少成本。沟通时，解决问题的侧重点就更倾向于值不值得付出。

沟通背景：即发生交换的背景。建立人际关系时，社会大环境的背景在很大程度上会影响沟通时需着重处理的事件。

值得一提的是，本理论也指出并不是所有的社会交换都是对等的，以相互吸引、平等交换为基础的。人际关系既可以是交互的，也可以是单方面的。

第一节　树线矛盾引风波

在社会交往中，人们会根据环境的不同自动或被动地找到自己的位置。大多时候人们都会站在自己的角度去看待问题，以及站在自己的立场去处理事情。因此，面对问题时，身处不同的位置对问题的理解不尽相同。本节以一线工作人员与上级领导沟通产生歧义的风波为案例，以社会交换的沟通关系为侧重点来提供向上沟通中可以采取的沟通方式。

一、实景映画

主要人物：

班长：入职多年，有丰富的一线经验，性格比较强硬，平时工作中说一不二。

主任：新调任到岗，对于岗位具体情况不是很了解，专制型领导。

某年春检高峰，巡视过程中发现某区域部分树木与电线安全距离不足，为了防止误触停电造成更大损失，需要修剪树木。树木所有人（业主）因此要求赔偿。

班长在现场处理此事，根据以往经验与业主商议赔偿金并进行了定价，之后电话上报给主任。

班长："主任啊，今天巡检到这个地方，有线树矛盾，树木需要修剪，跟业主商议了一下，我觉得××元差不多可以，您通过一下签个字就行。"

主任听了一头雾水，问道："树木修剪××元？这个价格你是根据什么文件谈的吗？"

班长解释："这个情况我们之前也发生过，差不多都是按照这个流程走的。"

"××元也不是小数目啊，你怎么不和我商量一下就自己做主了。"主任质问班长。

班长说道："这是一直以来的价格啊。"

主任说："那××元金额太高，我不同意。"

班长觉得这位新来的主任有些不好相处，于是语气强硬地说："行，那我回去亲自和您汇报！"

事情被耽搁下来，树线矛盾并未得到及时妥善的解决。

根据本案例，试着分析并说说自己的想法：
1. 存在的问题
_____
_____
_____

2. 沟通策略
_____
_____
_____

二、在线解读

(一) 提出问题 & 解决问题

工作流程是按照一定的规定和步骤，对工作任务进行组织和管理的过程。在现代化管理中，工作流程已成为企业、组织和团队进行任务管理、协同和控制的重要工具。合理地设置和管理工作流程，可以使工作更加科学可控，提高工作效率和质量，优化资源配置，加强任务协同，降低风险等，从而为企业、组织和团队的发展和成功提供有力的支持和保障。然而，在实际社会交往中，其实存在很多自然形成的、无条令明示却又约定俗成的行事规则，工作经验是我们的宝贵财富，但有些时候，也不能全凭经验做事，这些图方便的行为一旦出现问题，那就踏进了违规操作的栅栏里。从向上沟通的角度，依据社会交换理论来分析，班长在沟通过程中存在以下可以处理得更妥当的地方。

1. 端正态度，尽职尽责

在岗多年的老师傅处理过相当多的棘手任务，难免自信十足，做的决定几乎不容别人质疑，于是面对初来乍到的新面孔时，容易把握不住"分寸"，不屑解释基本问题，因此接收者会出现信息漏洞。本案例中的班长在岗多年，工作经验丰富，技术能力出众，带领班组完成过很多重大任务，获得过很多个人和集体荣誉，作为班组里说一不二的领导，处理问题时也是以目的为导向，模糊了其与主任职级上的差异，因此让主任感觉到他态度强硬，越俎代庖。

作为从新员工成长起来的班长，其更应该明白对于不熟悉专业领域的人要多些耐心解释说明，更何况是部门直属的领导。尽管大家的目的都是妥善解决问题，但是在沟通问题的过程中，要注意沟通方式方法，在沟通中要避免情绪化的反应，尽量控制情绪，注意言辞和语气，不要轻易抱怨，这样可以保证对话平静通畅地进行，不至于导致冲突。沟通中如果缺乏尊重，不能平衡自己与对方的需要，总是以一种自以为是的方式与对方交流，这样的沟通是很难进行的。不能依仗自己的经验而居功自傲，否则很容易引起上级的不满，加大沟通的困难性。只有学会尊重与合作，沟通的过程才会愉快而积极，结果才能如你所愿。

2. 厘清职责，明确权限

开展工作时，会遇到很多紧急情况，为了平摊责任或者降低自己担责任的风险，人们通常选择推脱责任、逃避责任，但是也有很多时候选择擅作主张。排除私相授受的可能，原因就是"省事儿""方便"，以至于模糊了职责权限。例如，本案例中，班长在没有任何申请汇报的情况下擅自做主确定赔偿金额。想办法解决隐患是班长的职责所在，但是消除隐患的流程却超出了班长的权限。每个人或者部门都有自己的工作职责，不应该越过这个职责界限去工作，否则可能给公司的整个管理带来混乱，甚至引发部门与部门之间、下属和上级之间的矛盾冲突。

组织在向柔性管理发展的过程中，依旧受直线—职能型组织结构的影响，执行人员与职能参谋人员难免产生矛盾。因此，应明确自身职责，不推卸责任也不越权管理，责任模糊的任务更要谨慎处理。

3. 遵守流程，有理有据

通常，程序化管理是为了更好地说明进行某种活动或完成某项工作的内容、操作方法及其相应的规则系统和前后衔接递进关系，甚至也可以包括运营结果的前反馈机制。因此，制定一项工作的流程，就是为了消除种种不合理因素，把最好的因素依照某种最合理的方式组合起来，每一步程序的设定都是为了更好地审查、管理。公司的制度，一方面规定了员工的工作内容；另一方面规定了员工怎样去实现工作内容的工作流程。制度对于员工在什么岗位上要做什么事情都规定得很好。但如果员工在做这些工作时缺乏客观、合理的工作流程，那就会被一种偏私的、任意的工作流程操纵。最直接的影响就是员工的工作可能失去监督。

在精细化管理的要求下，越来越多的工作要求"事出有因""行事有道",这也为绩效考核提供了依据。在本案例中,班长习惯于旧有的口头汇报流程,即先达目的再补过程;然而主任作为新上任的年轻领导则习惯依照流程办事。如果公司出现了有制度不依、执行制度不严谨的情况,那就应当认真地审视工作流程是否健全合理。一个好的制度应当具有自我能动实施的动力和手段,而工作流程就是这种动力和手段的主要来源。优良的工作流程,会使员工趋利避害。优良的工作流程能限制员工的主观随意性、做事的隐蔽性,能加强相互监督促进,保证能力稍微欠缺的人选择效率最优的手段。在这种情况下,努力适应新要求,不仅能达成对自己工作严谨性的要求,也能促进公司更好发展。

(二)实况重构

某年春检高峰,巡视过程中发现某区域部分树木与电线安全距离不足,为了防止误触停电造成更大损失,需要修剪树木。树木所有人(业主)因此要求赔偿。

班长在现场处理此事,根据以往的经验与业主进行了赔偿金的商讨,业主不肯让步,最终把价钱压到了××元。于是班长准备先向主任进行简单的口头汇报,等回到单位再提交书面申请。

"主任,我在现场巡查发现了×××地区有树线矛盾,根据以往的经验跟业主商议了一下,业主把赔偿金定在了××元,这个情况得先跟您汇报一下,稍后我也会打书面报告的。"接下来,班长把现场情况和目前解决方案汇报给主任。

主任问道:"这个处理方案是根据有关文件规定的流程处理的吗?"

班长:"是的,我结合文件和以往类似事件的经验来看,觉得如果不能完全把树砍掉,可能这个处理方式是比较符合情况的,不过还会涉及后期修剪的问题。但是这个问题比较紧急,因为三月雷雨风暴天气比较多,如果不能及时修剪这些树木,恐怕会有线路安全隐患。"

主任大致了解事情的严重性,又问道:"我刚来岗位不太清楚这项工作,

××元的赔偿金是符合赔付标准的吗？"

班长答："赔偿金是基于有关文件定额的，业主那边不肯让步，也没有更好的办法了。关于后期修剪问题只能是明年我们想办法改改线路，或者直接把树砍掉，再多的我也没有权限了，还是需要您这边定主意的，我肯定尽我所能解决这个事情。"

主任想了一会儿，考虑了事情的轻重缓急，××元也没超标，万一因为延迟造成其他后果实在不值。

于是隔天主任通过了班长提交的报告，很快解决了树线矛盾，这次检修也没有出现重大事故。

三、练一练

考虑一下，如果你遇到很紧急的工作，却需要通过上报，层层通过后才可实施，那该如何解决？

四、阅读延伸

大学毕业后,我就被分配到了班组岗位上工作。作为班组里的老师傅,虽说职位不高,但我凭借过硬的技术和几十年的工作经验,一直都是受人尊敬的。虽然电力工作很苦很累,经常早出晚归,周末加班加点工作,甚至凌晨还会接到领导的紧急抢修电话,但我从来没有怨言,一直冲在电力抢修的一线,从事着自己擅长且热爱的工作,我一直安于现状,并以此为荣。

随着年龄的增长,我渐渐感到自己的身体素质跟不上近几年所里新来的年轻小伙子了,我乐于把我掌握的技术和知识传授给年轻人,看着他们一步一步成长起来,技能要代代相传绵延不息,才是它的意义。最近,所里新来了一个研究生干部,算是我的直属领导。小伙子年轻气盛,又是专业名牌院校毕业的高材生,难免有些看不起我们从一线摸爬滚打过来的"老前辈"。

有一次,有个事情需要紧急处理,走流程最快也得一天,我怕耽误下去会造成更大的事故,就先斩后奏了。结果,小伙子很不高兴,说实话我不太明白他不高兴的点在哪儿,我的事情办得很完美,相当于也替他解决了很多麻烦。

回家之后,妻子和我一说,我才明白,原来他可能觉得我越级办事,坏了程序制度。入职几十年,头一次被这种事情难住……

从向上沟通的角度,我们可以对这个案例进行如下修改,以强调如何通过有效的沟通来化解误解、建立良好的工作关系。

大学毕业后,我满怀热情地加入了班组,成为团队中不可或缺的一员。尽管职位不高,但我凭借扎实的技术功底和丰富的实践经验,赢得了同事的尊敬。面对电力工作的艰辛与挑战,我始终坚守岗位,无论是深夜的抢修还是周末的加班,我都毫无怨言,因为我热爱这份事业,并以此为荣。

随着时间的推移，年轻一代的加入为团队注入了新的活力。我乐于将我的技术和经验传授给他们，希望他们能够快速成长，延续技术的传承。然而，最近，所里新来了一位研究生干部，作为我的直属领导，他年轻有为，专业知识扎实，这让我既欣慰又略感压力。

　　一次紧急事件中，为了尽快解决问题，避免潜在风险，我采取了先行动后报备的方式。事后，我注意到我的直属领导似乎对此有所不满。起初，我并未完全理解他的情绪所在，但我意识到，有效的沟通是解决问题的关键。

　　于是，我主动找了一个合适的时机，邀请他进行了一次深入的交流。我先表达了对他的尊重和对团队目标的共同追求，然后诚恳地分享了我当时的考虑和行动的初衷，解释自己为何选择先行动后报备的方式。同时，我虚心听取了他的意见和看法，特别是关于遵循程序制度的重要性。

　　通过这次沟通，我们增进了彼此的理解。他理解了我作为老员工的责任感和紧迫感，同时也让我意识到在追求效率的同时，要严格遵守组织规定和流程。我们共同探讨了在未来遇到类似情况时，如何既能快速响应又能确保合规的方法。

　　这次经历让我深刻体会到，向上沟通是职场中不可或缺的技能。通过积极、开放和诚恳的沟通，我们可以消除误解、建立信任，共同推动团队向前发展。

第二节　师徒二人理情谊

招聘新人后，为了提高员工的工作效率，通常开展培训工作。培训既能帮助新人了解企业和工作职责，也能考核和检验员工素质是否匹配企业。筛出不达标者，培养有潜力者，同时留住经验者，这是企业培训的目的。考虑交换成本利益最大化，有经验者往往会使企业付出更少的培养成本，就能独立进行工作、创造价值。在如今社会，招聘与应聘也不再是单向关系，越来越多的员工入职后，也会衡量这项工作的价值，应该投入多少时间和努力。因此，交换成本是人际交往中很重要的一环，特别是在企业里，人们有时会单纯计算物质成本，而忽视人与人交往过程中产生的情绪价值。本节以新员工因为工作沟通困难而产生迷茫感为案例，以社会交换的交换成本为侧重点，介绍向上沟通中可以采取的沟通方式。

一、实景映画

主要人物：

小安：大学生新入职，性格安静、内向慢热，但是入职时成绩很好，聪明好学。

杨师傅：所里元老，没有带过新人，处理事务成熟老练，看起来很严肃，平时话比较少。

2023 年，小安入职，按照"师带徒"的培养模式，小安被分到用电检查班杨师傅手下。刚进入职场，小安对一切都充满了期待，然而师傅每天都有很多事情，没那么多空闲时间给小安从基础讲起，因此大部分时间需要小安自己多参与、多学习。很快，小安就发现，自己连最起码的语言沟通都成问题。

某日，小安跟着师傅去处理现场窃电问题，师傅在现场看了一会儿就发现了问题，而小安看了半天也不知道问题出在哪里。通过师傅的指点，小安明白了是用户的表后线违规绕越了计量表。

接着用户用方言和师傅产生了冲突，小安在一旁看着争执的样子想要插话劝阻，他问："师傅，电表是哪里出现问题了呢？"

当时师傅在和用户沟通，现场嘈杂混乱只听到了小安在说话，但是没听清楚具体是什么，于是回复道："你先等一会儿。先去把窃电单子开给用户。"

小安知道师傅不是嫌弃他，只是自己的自尊心作祟。方言的障碍、现场知识的匮乏、跟用户沟通还有跟前辈年龄的跨度，都要比学校里课本知识难出几倍，跟着师傅去现场处理问题，小安也仿佛是只无头苍蝇，不敢乱碰，但是不上手又没有办法结合实际应用理论，这种无事能做、无事可做的情况让小安在

所里没有了存在感，同时心里也产生了极大的落差感。

回到所里，小安明显情绪低落，但是又不好意思打扰同事，只能默默把这些问题放在心里。如此一来，小安无法较好地融入集体，在所里成长的速度较慢，时间一长，在知识技能储备方面跟同一届入职的同事有了很大差距。

小安陷入了迷茫，自己想努力，但是找不到方向，于是他忍不住地开始想"是不是这份工作并不适合自己？"

根据本案例，试着分析并说说自己的想法：
1. 存在的问题
_____
_____
_____

2. 沟通策略
_____
_____
_____

二、在线解读

（一）提出问题 & 解决问题

人际交往的过程中，人们通常会考量事情的价值和自己所要付出的代价，当眼前需要付出很大的努力，但是短时间内又得不到收益时，人们往往就会退缩。特别是对没有很多经验的人来说，很容易因为眼前短暂困窘的情况而冲动退缩以致放弃。以小安沟通问题为例，就社会交换的理论站在向上沟通的角度给出分析。

1. 停止内耗，坦率沟通

面对相同的问题时，不同性格的人总是会有不同的处理方式。本案例中小安所遇到的问题，也是大部分职场新人会有的困惑。面对严肃老练的师傅，小安心中自然产生了畏怯，自己想要努力学习进步，但是发现实际工作和学校的理论接轨很困难。自信心一直被打压，不仅不利于个人在公司的长久发展，还会消磨意志。

内向、慢热不是逃避困难的借口，相反，内向温暾的人往往有着更强大的内心力量，也更善于发现细节，真诚的态度是打通人际壁垒的最好办法。遇到"方言问题""地域问题""年龄问题"等这样短时间内无法完全解决的难题时，要将问题普遍化，要明白这是每一个异地新人进入新环境都要面对的事情。因此，小安与师傅和前辈的沟通困难其实不在于方言，而在于小安内心没有将自己当成这个团队的一分子。年轻人脸皮薄，有问题选择自我消化，但自己经验有限，看待问题也不是很成熟，免不了陷入死胡同。坦然接受并且大方沟通，会发现其实情况也没有那么糟糕，不必用不存在的焦虑折磨现在的自己。

2. 用心维护，积极参与

小安代表了很多初出茅庐但是性格内向的员工。在进入一个新环境时，如果在最开始简单试探后，没有得到想要的回应，就会更加胆怯。本案例中，杨师傅也是第一次带新人，因此在如何带徒弟的事情上经验不足，而工作任务重又让杨师傅疏于和小徒弟培养关系。对性格基本成型的成年人来说，刻意接近讨好反而令双方尴尬。

对小安来说，学习能力强又好学是自己的长处，利用好自己的长处，多用心观察总会发现自己在工作中的价值。例如，所里缺少年轻人，不能够及时地响应经常变更的新系统、新政策，那么，小安的存在对这个集体来说就补上了缺口。有事可做对新人来说，就是一种安定感。师徒二人面对角色上的转变，同样的生疏反而会有共通的感情，这为之后的关系推进奠定了良好的基础。用心交流，不仅能丰富知识的储备，也能加深情谊。

3. 眼光长远，稳扎稳打

工作中，人们总会率先寻找从事某项工作的意义，以此权衡自己所要付出成本的比重。薪资、奖励、分红等是短期的、眼前的利益；乐趣、人脉、社会赞同等则是需要长久经营才有可能得到的回报。人们通常情况下相信"只要付出就会得到回报"，但如果眼前的困难一再打压自信心，会让人质疑自己的能力，从而彻底否定长期回报。例如，本案例中，小安在学校有着优异的成绩，但是进入陌生环境后短时间内无法融入的落差感，让小安否定了将来的自己。

很多事情都不是一蹴而就的，更何况人的成长。公司对于人才培养的期望是稳步成长、全面发展，一定是给足时间且允许员工磕磕绊绊的。下放到岗位后，新员工需要磨炼自己技能，因此，在这段时间新人要稳定心态，努力接收一切资源，为自己的长远发展打好地基。

（二）实况重构

2023年，小安刚入职，按照"师带徒"的培养模式，小安被分到了用电检查班杨师傅手下。刚进入职场，小安对一切都充满了期待，然而师傅每天都有很多事情要做，没那么多空闲时间给小安从基础讲起，因此大部分时间需要小安自己多参与、多学习。

某日，小安跟着师傅去处理现场窃电问题，小安始终没找到问题，结果师傅在现场看了一会儿就发现了问题：用户的表后线违规绕越计量表。

看着师傅和客户在一旁用方言处理窃电问题，小安一句话都插不上，其实他有很强的孤独感。但是面对严肃的师傅，小安始终不敢去打扰。回到所里，小安自我反省：既然还有很多事务不成熟，而且方言问题一时半会儿也学不会，那还不如先放下面子和师傅打好关系。

于是每次工作后他都细心记录工作内容，尽量结合理论知识解决问题，每天和师傅吃饭闲聊，遇到不懂的问题就等师傅空闲的时候主动请教。

杨师傅也是第一次带徒弟，空有一身本事，但是找不到合适的方式教给小安。在小安的主动请教下，师傅倾囊相授，师徒二人逐渐有了默契。能够把理论应用到实际中，小安找回了自己的信心。

所里的前辈对于年轻血液的加入自然是欢迎的，年轻人可以帮助他们处理需要精细化、数据化录入程序的事务。所以，前辈不忙的时候也很乐意指点好学的年轻人。

小安很快熟悉了所里事务，有了独当一面的能力，领导也渐渐把所里重要的任务交给他处理，与前辈的沟通越来越容易，在自己的岗位上，小安逐渐体会到成就感。回想当时，发现其实没有那么困难。

三、练一练

回想自己是如何度过新人懵懂期的，总结初入职场最该注意的事项。

四、阅读延伸

师者，传道授业解惑也，此谓"师带徒"制度之核心。"师带徒"制度的设立能够帮助徒弟快速完成角色转变，熟悉规章制度，学习岗位技能，融入工作环境。

在师傅的带领下，徒弟可以最大程度、最大潜力地释放其独当一面的能力，这是"师带徒"制度的作用及优势所在。除此之外，"师带徒"制度明确了师傅是培养徒弟的主要责任人，培养过程中，师傅给予徒弟工作上的指导、生活上的关心，并以身作则，指点徒弟努力的方向，在一定程度上，对徒弟在未来工作、生活、思想上的成长与发展有所裨益。徒弟也不能只依赖师傅，需要明确自己的目标，不能依靠别人来规划自己的成长进度。

作为在岗多年的"老人儿"，在"师带徒"方面有一些自己的见解，带徒弟前，需要认真思考几个问题：教多久？教什么？怎么教？达到什么目标？

一般笔者会根据工种和专业特点，编定应知应会基本技能、基础知识大纲、时间表，选择教材，一切就绪，开启边工作边培训模式。带徒弟，本质上是复制自己的部分能力，要能复制，得有样板。笔者认为合格师傅的标准是业务熟、会总结、能表达、有反馈。先输入、再输出，输出的过程就是提升的过程，加强自身学习，提升业务素质，有料可教，有能力可复制。

第三节　班组缺人巧争取

在国网公司日益提升的数字化需求和个人素质的强化要求的大背景下，班组现有年龄结构显然成了工作推进的桎梏。想要提升班组的合规建设、创新能力，去应对不定期增加的工作任务，补充新鲜血液成了迫在眉睫的需求。本节以班组长向上级所长申请人员补充为例，分析讨论该类情况下如何与上级沟通达成目的。

一、实景映画

▶ **主要人物：**

曲班长：班组长，与周所长上下级多年，说事情习惯轻描淡写一笔带过，让人分不清轻重缓急。

周所长：供电所所长，平时没什么领导架子，正事上一丝不苟，思虑周全，着眼于大局。

老朱、老邵及案例里出现的其他师傅，都是班组成员老师傅，年龄大但经验丰富。

2023年3月，某供电公司曲班长盘点日常管理工作时发现，目前下辖的九个有人岛屿及数十个无人岛屿的线路巡视、专变管理、电费回收等工作全靠六名经验丰富但年龄偏大的老师傅开展，其中两位老师傅还有两个月就要退休。目前，班组平均年龄已达五十二岁。

老邵："曲班长，今天我要出去装表，安排谁来给我监护和地面配合？"

曲班长："哎呀，今天大家的工作任务都排满了，你要不把任务排到明天吧。"

老朱："曲班长，市公司要求紧急上报的那个报表，你给我参谋一下，我实在看不懂啊，以前也没弄过。"

曲班长："这个……呃……我去问问运检部的小年轻。"终于应付出去了，曲班长松了一口气。

老刘："曲班长，这个数字化牵引报告怎么写啊？咱老刘也不会搞这些'高大上'的玩意儿啊。"

曲班长："这个确实有点为难了，我去找找隔壁的小年轻。"

老邵："班长，这个新上的系统我操作了好久都没整明白，你认识人多，请个外援教教我吧。"

曲班长："好的，我去找找老师。"

……

以上是班组日常工作对话，曲班长心力交瘁，深知再这么下去极有可能导致一线操作出现安全风险，还有可能影响班组的绩效，所以，增加班组人员是当务之急。

某天，曲班长参加完本岛所在的供电所召开的例会后，找到周所长，请示增加人手。

曲班长："周所，我们班的工作范围这么大，目前人手严重不足，听说最近有新进员工，给我们加几个人？"

周所长："现在各口子都缺人，你们班还是再等等吧。"

曲班长："别的班什么情况我不了解，但是我们班都是老师傅，负责范围还大，再不给我们人，万一出事谁负责？"

周所长也被如何合理分派人手的事情困扰着，听了这话火气一下子就上来了:"都缺人怎么就得照顾你们班?老师傅经验足你还有什么不满意的,而且这次都是新人,到你们组也不可能马上独立工作。等所里安排吧!"曲班长看谈话无法继续下去,只好回去等消息。

根据本案例,试着分析并说说自己的想法:
1. 存在的问题
_____
_____
_____

2. 沟通策略
_____
_____
_____

二、在线解读

(一) 提出问题 & 解决问题

沟通中发生的背景事件的紧急程度,很大程度上会影响沟通主体对沟通策略的选择。忽略对方的为难之处,迫切地想达成目的往往使人慌不择言,弄巧成拙。站在向上沟通的角度来分析,就社会交换理论来说,曲班长在沟通过程中主要存在以下可以改进的地方。

1. 分析利弊,占据优先

在本案例中,曲班长申请增加人员为的是尽力规避安全风险、保证班组绩效,但是没有让周所长充分了解到班组现状,也没有给周所长仔细讲明优先考虑自己班组的理由。特别是在其他部门都人员紧缺的情况下,更要列出事情的轻重缓急,突出自己情况的特殊性和紧急性。

曲班长可以从以下几方面分析：一是班组目前人员配置已无法满足日常工作强度，工作承载力严重超负荷，带来了较大的安全隐患；二是各类系统上线、报表的增加让班组老师傅束手无策，时常需要跨部门协调解决，影响工作进度，甚至可能影响整体绩效。向上级说明事情的紧急程度、可能出现的风险或者已经出现的问题苗头，让对方了解到事情的紧迫性和严重性，让对方意识到问题已经迫在眉睫，必须解决，否则不仅有违规风险，更有安全风险。

除此之外，曲班长还可以应用一些谈话技术，如"登门槛效应"。"登门槛效应"是一个人一旦接受他人一个微不足道的要求，为了避免认知上的不协调，或想给他人以前后一致的印象，就有可能接受更大的要求。在一般情况下，人们都不愿意接受较高、较难的要求，因为它费时费力又难以成功。相反，人们却愿意接受较小的、较易完成的要求，满足了较小的要求后，人们接受较大要求的可能性提高很多，这就是"登门槛效应"对人的影响。

2. 描画预期，预见效果

空口无凭很容易让上级轻视提出的请求，特别是在混乱复杂的背景下。要让上级清楚我们提出的请求不是心血来潮，不是纸上谈兵，不是信口开河，就要让对方看到我们认真的态度和严谨的行事，因此应该提出完整的后续安排。

以曲班长为例，他可以向所长说明新员工到岗后如何安排：第一，要将本班组踏实肯干、敢与困难相博弈的精神传承下去；第二，要求新员工负责系统填报等工作的同时，也会安排他学习基础业务，老师傅的倾囊相授会让新员工专业学习有一定的保障；第三，在生活上关心照顾新员工，让他尽快融入团体，早日成为能在一线班组独当一面的骨干。并向所长着重强调，调整人员结构可以极大地提高人员安全承载力，有效防范安全生产风险，促进公司安全发展，提高安全生产效益。

3. 原有缺陷，尽力弥补

当某项申请提出时，意味着现有工作存在一定的问题和隐患，所以提出申请的同时也要向上级说明原有缺陷应如何改善，展现出我们对工作认真负责的态度和诚意。

以该班组为例，对于老员工可以做出这样的工作安排优化：一是同步提升班组工作要求，对原先已发现但没有时间处理的缺陷开展大讨论，制定相应方案并进行落实；二是针对台账等数字化工作开展一定时间的全面细致巡检，并进行全方位的消缺和台账更新。

除上文提到的"登门槛效应"外，还有其他的谈话技巧如"门面效应"，其与"登门槛效应"恰恰相反，是人们拒绝了一个较大的要求后，接受较小要求的可能性增加的现象。为了更好地使人接受要求，提高人的接受可能性，就是先提出一个较大的要求，这种方法被称为"留面子技术"。"门面效应"的产生，主要是因为人们在拒绝别人的大要求时，感到自己没能帮助别人，有失自己富有同情心、乐于助人的形象，辜负了别人对自己的良好愿望，心中会有内疚感。这时，为了恢复在别人心目中的良好形象，平衡自己的心理，便欣然接受第二个小一点的要求。

（二）实况重构

某天，曲班长参加本岛所在的供电所召开的例会，例会结束后找到周所长，请示增加人手。

曲班长："周所，我们班的工作范围这么大，目前人手严重不足，听说最近有新进员工，给我们加几个人？"

周所长："现在各口子都缺人，你们班还是再等等吧。"

曲班长："周所，你知道的，我们班管这么大片海岛，目前人少只能驻守在三个岛上，各岛之间坐船至少也要一个小时，遇到海上天气不好，直接就断航了。而且再有两个月，沈师傅和赵师傅就要退休了，到时候岂不是有两个岛只有各一个人驻守，到时候他们接个电表，也是单人操作，这有操作安全风险啊！前两天，岛上电线杆被拖拉机撞断，因为大风，祝师傅一个人没人监护，在那里根本没办法抢修，因为停电时间过长，运检部还通报我们影响了供电可靠性的指标，这对所里的绩效考核也有影响啊！"

周所长："但这样的话，其他的班长不干了。"

曲班长："我们班目前是人手最紧的，而且缺乏监护，一旦发生人身事故，没法和领导、家属交代，所里这一年也白干了。而且，我们班里的老师傅操作系统也不熟练，每天光填那些台账就昏了头，平常也是疲于应付，前几天安监抽查到我们，绩效也扣了半分。"

周所长："我现在就是给你个人，你也来不及啊。"

曲班长："周所，只要你能给我两个人，我准备把邵师傅和朱师傅分别派到两个岛上和沈师傅、赵师傅搭班，两个新人我留在主岛上，我和李师傅分别带班，在工作中传帮带，尽快让他们适应。"

周所长："那这样吧，我先想想办法，先给你一个人，明后年我再想办法补一个。至于台账，我让综合班的小青年不定期去你们班帮忙看一下，帮你们把把关，确保台账的完整性和规范性。"

曲班长："可以可以，谢谢所长，我一定亲自带这个新同事，尽快让他独当一面。不管是老师傅还是新人，我都让他们尽量熟悉系统，不给咱们绩效拖后腿。"

三、练一练

当你需要向上级申请达成某些目的时，你的申请要围绕哪些方面展开才最有可能让领导通过呢？

四、阅读延伸

省公司组织了青创赛，公司临时指派我去参加，此时刚好我所在的变电运检部门有新变电站需要投产。由于我一直是变电工区业务骨干，往年投产准备工作都由我带领新进大学生完成。

可这时，部门培养新人不够全面、力度不够大的不足就凸显出来了，部门缺乏 AB 岗，没有人能胜任变电站投产工作，在没人带领的情况下，变电部门的新进大学生还不能够在短时间内成长到独立担负起这一变电站投产工作。

其实就平时的工作而言，目前的配置在时间、人力、物力上是完全够的，但是一旦工作任务有时间安排上的冲突，就会让人猝不及防。

我主动和领导沟通，表示明白局里比较重视省公司青创赛，而且这也是一次很好地展现自我才华的机会，但变电站投产时间紧任务重，考虑到安全性，实在不放心把这边的工作单独交给新人。

沟通后我放弃了这一次组织青创赛的机会，担负起了班组职责。后来变电运检部门采取传帮带和师带徒等具体措施，让新进大学生得以尽快成长，在不存在安全隐患的前提下担负起变电生产工作的职责，我也有了余力去历练学习，为所里带回更好更新的学习资源。

第四节　冲突任务智变通

近年来，国网业务逐渐扩大，班组承载力问题愈加凸显，对人才的需求量也逐年提高。同时，随着业务数字化的推进，对工作人员的要求也越发严格。随之而来的工作安排矛盾化、冲突化，使很多员工深受其扰、分身乏术。因此，在日常工作中出现越来越多下属与下达任务的上级之间产生矛盾冲突的沟通场景。本节以工作内容出现冲突背景下某变电检修工区技术专职如何协调任务为例，分析在该场景下员工与上级的沟通技巧和注意事项。

一、实景映画

▶ **主要人物：**

小张：国网××市供电公司变电检修工区技术专职，入职6年，责任心强，喜欢具有挑战性的工作，现场经验丰富，性子急，易冲动。

李主任：国网××市供电公司变电检修工区主任，对待工作精益求精。

刘主任：国网××市供电公司变电检修工区副主任，了解职工专长，知人善用，爱较真儿。

小张作为某工区技术专职，主要负责的是某系统管理工作。该系统使用条例中有一条规定，线路停运时必须在24小时内在系统上予以确认，否则会影响后续工作。

一次工区接到突发任务，小张前往一线抢修。不巧的是，就在小张不在线的这段时间，系统上出现线路停运申请急需确认，小张分身乏术，系统确认延误，影响了后续工作。

事后，工区主任李主任严肃批评了小张，要求他必须重视该项工作，严格落实上级要求和系统使用条例，同时要求小张每天盯住系统不得超时确认，上午和下午必须在系统内检查，没有他的同意不得离岗超过 24 小时。小张无可辩驳，自己虽然当时身处一线不方便确认操作，但也确实违反了系统使用条例。此后，小张把系统检查时刻放在心上，轻易不离岗。

某日，刘主任找到小张："小张，有个线路验收需要你参加，要出差一周。"

小张闻言道："刘主任，我得盯住系统，出差不方便。"刘主任表示"验收工作很重要，一定要参加"，说完就去忙其他工作。

当天下午，小张再次到刘主任办公室解释不能去现场的原因，刘主任说："是系统工作重要还是现场作业工作重要？而且你现场经验丰富，这次验收非你莫属。"不论小张怎么解释，刘主任坚持己见，要求小张参加线路验收工作。

小张想到上次遭到李主任批评，两方难以权衡，当即破罐子破摔地说："你们两位领导自己商量清楚了再告诉我该做什么工作！"说完气冲冲地走出了办公室。

最后，刘主任只得自己前往现场验收线路工作，事后刘主任认为小张没有服从工作安排，没有承担相应的工作责任，甚至觉得小张乱发脾气不尊重领导，很不高兴。

根据本案例，试着分析并说说自己的想法：

1. 存在的问题

_____
_____
_____

2. 沟通策略

_____
_____
_____

二、在线解读

（一）提出问题 & 解决问题

在向上沟通的场合中，时常出现上级安排的任务产生冲突的情况，下属作为听从安排的一方，为了平衡任务与实际，学习如何协调工作，更多的是要学会协调人际关系。很多人对情绪管理的第一反应是觉得情绪需要控制，只有控制好情绪才能管理好情绪，其实这是错误的想法，人的情绪从根本上讲无法控制，强行压抑情绪只会给自己带来更大的伤害。情绪需要疏导的，需要适当释放，有情绪不是错事，错的是不恰当的处理方式对自己及周围的人产生了不良影响，情绪本身没有好和坏之分，相反一些情绪的正确释放有助于身心健康。

考虑到沟通情景中复杂的情况，就社会交换理论来说，本节针对小张的问题给出更合理的处理方式。

1. 思量关系，找准立场

人们会根据远近亲疏的关系选择最恰当的沟通方式，因此在所处的沟通场景里，要考虑沟通对象与自己的关系特点和性质。本案例中，小张与他的沟通对象是上下级关系，那么小张应该找准自己的定位，站在下属的立场上与刘主任对话。案例最后他们二人闹得不愉快，正是因为小张混淆了自己的立场，没有找准谈话时自己的定位。

陷入困境，小张应该首先向刘主任解释自己不能长时间离岗的原因，拿自己上次受到批评及造成系统确认延误的后果举例，表明长时间离岗的严重性。如果刘主任执意让小张出差，小张可以汇报至主任处或者做好离岗准备，让两位领导互相知晓情况，而不是被情绪操控，一时说出过激言语，这对于解决问题无益。

管理情绪，要在平时有意识地识别情绪，大部分人在情绪来临时一般是纵情释放，过后才发觉自己好像做错了什么事情，能够及时意识到自己有情绪了，这是非常重要的，是正确管理情绪的第一步，没有识别情绪，就只能被情绪控制。

2. 衡量价值，先舍后得

刘主任是一位知人善用的领导，他选择把线路验收的工作交给小张，就是看中了小张丰富的一线经验，更考虑到小张的个人喜好——比起枯燥的系统任务，他更喜欢一线任务。也就是说，小张对这份任务是感兴趣的，这份工作也更能实现小张价值。那么小张解决此时遇到的两难问题，站在他自己的角度上，首先需要考虑的是"值不值得"。本案例中，小张是能胜任并且倾向于承担一线任务的，所以不如花一点时间准备一个两全的方案，做一些准备工作，以便接下这个心仪的任务。例如，先准备好出差后的方案，把自己的安排详细讲给李主任，李主任看他安排妥当不会耽误系统工作，自然会同意他出差。

面对这种两难情境，首先衡量冲突双方对于自己的价值，然后做出决定，并且做好相应的准备，选择一方就要稳妥处理好另一方。本案例中，小张应该做好离岗准备，找到替班同事，同时承诺有问题随时在线沟通，这样向上级汇报时自然会解决左右为难的窘境。

3. 管理情绪，理智为先

先前小张已经因为未处理系统工作遭到批评，虽然离岗事出有因，但造成后续工作延误已成事实，此时负面情绪已有累积。当他再次面临相似场景时，过往回忆与情绪一起袭来，让小张难以维持理智。但是情绪占上风并不能利于事情的解决，反而让局面进一步恶化，甚至影响日后的工作。

身处此类场景，一时发泄可能换来一时的爽快，但不利于当前麻烦的化解。最重要的还是保持理智，分析利弊，寻求最优解，而不是过分沉浸在当下背景中，被负面情绪操控，完成任务才是工作主题。不同的领导有着不同的工作安排，在企业里随处可见，控制好情绪，将专业才能充分发挥，甚至可以让领导看到自己较强的协调能力，对小张未来的职业发展有利无弊。

如何控制情绪，以下几点可供参考。

第一，遇到问题，先把精力放在解决问题上。先解决问题，后追责。因为精力放在解决问题上面，注意力就转移了。等问题解决后再追责，就没了当时的激动情绪，就可以理性地就事论事，客观分析这个问题的产生原因，可以心平气和地复盘。如果问题发生那一刻先发火，往往会加深矛盾，问题也不一定及时解决，如同案例中小张一时发火。这就是情绪的负面影响。

第二，跳出问题本身来看待。人是感性动物，所以很多时候都是感性做事，这也就是理性受到情绪影响的原因。克服感性的方法就是试着跳出问题的本身，把自己置身于问题外来处理这件事情，这样就不会受到情绪影响，就能较为客观和理性地处理问题。

第三，避免冲动的最简单方法就是暂时不说话，转移自己的注意力。如果遇到被误解或者受委屈的情况，可以先避开现场或先控制不开口，尽量保持平静。

（二）实况重构

刘主任交代小张出差一周，小张立即解释："刘主任，真不是我不想去，实在是系统有要求，我不能离岗太久。上次就出现问题，延误了后面的工作，可不敢让这样的情况再出现。"

刘主任："你现场经验丰富，而且我还不知道你，最愿意跑现场！"

小张憨笑道："那您要不给我点儿时间，我看能不能排出时间来，尽早给您答复。"

刘主任："好，那你尽快告诉我。"

随后，小张在公司寻找一名有意向可替岗一段时间的同事，在不影响其本职工作的前提下，代小张处理出差期间的系统检查和操作。找到替岗人员后，小张将接下来的工作情况及安排，详细汇报给李主任："主任，刘主任说有个线路验收需要技术支持要我去出差一周，您放心，系统上的工作已经提前和其他同事沟通好了，如果我出差，其他人可以代替操作，保证不会耽误工作，我随时在线和他沟通。您看……"

李主任："好，系统上的工作不受影响就行，你可得保证线上指导啊。"

小张："主任您放心。"

李主任："你经验丰富，我也听说了那个线路验收任务，技术要求高，你去正合适。"

小张："谢谢主任。"

获得李主任同意后，小张立即汇报给刘主任，前往线路现场进行验收工作，顺利完成了任务。

三、练一练

假如你遇到类似问题，该从哪几个方面考虑解决工作安排冲突？

四、阅读延伸

我在公司有个饭搭子，因为家庭原因，她从小跟着爸爸长大，她父亲为生计奔波很少顾得上她，所以她做事有主见的同时心思也很细腻，较为敏感，所以很多时候，我和她性格的不同就注定了我们对事情的看法是不同的。

她觉得领导有时候总是找碴批评人，而我觉得这是一种让我少走弯路的指导；她担心单位现在岗位不符合自身成长的要求，厌倦日复一日运维检修的岗位工作，觉得没有挑战性的工作让她无法学习得更多，而我觉得我们有自己的事情做，也能拿到自己的报酬，应该知足；她觉得办公室有时很吵，维护人际关系必定影响工作效率，而我觉得大家在一起开心了，才会让工作顺利进行。

各种问题上的不同观点好像让我们没办法一起工作，但是事情总有两面性。我有时候听不懂领导话里的言外之意，但是有她的提醒，我会考虑得更加周全；在加班进行重复工作时，在讨论分享后，我们也总能在这种工作里找到自己之前没有注意到的点，进行提升学习；办公室热烈聊八卦的时候，她也会提醒我们有哪些任务马上要验收，免得最后大家临期赶工。

和而不同，让我们配合默契，更加高效地一起工作。

第三部分
向下沟通

美国心理学家威廉·舒茨（William Schutz）的人际需求理论，包括感情需求、包容需求、支配需求。

感情需求是个体爱别人或被人爱的需要，是个体在人际交往中建立并维持与他人亲密的情感联系的需要。有时为了解决问题，人们希望就事论事，用理性思维应对所有事情，但是往往事与愿违。在沟通的过程中，恰到好处地给予员工适当的关怀，通常可以达到事半功倍的效果。

包容需求是个体希望与人接触、交往、隶属于某个群体，与他人建立并维持一种满意的关系的需要。人们在社会交往中，通常需要在一个情景里找到自己的定位，这种定位会给个体带来安全感和归属感，尤其是在东方社会里，人们更加在意群体是否融洽。班组内的高凝聚力会提高整体的办事效率，令人舒适的人际环境也会让沟通更加顺利地进行下去，更好地达成沟通目的。

支配需求是个体控制别人或被别人控制的需要，是个体在权利关系上与他人建立或维持满意人际关系的需要。实际上，并非只有位高权重的人才有支配需求，社会上每一个成员都存在这种需求，适当地给予员工一些可自己支配的权利，会增加成员的参与感，对任务的责任感，也对工作顺利完成有好处。

第一节　繁杂任务细布置

在工作中，我们经常会遇到一些上级下发的紧急任务，这些任务往往需要在规定的时间内完成，给我们带来一定的压力和挑战。如何合理分配工作任务及安排人员，十分考验组织者的能力和沟通水平。本节以电网公司布置紧急任务为背景，以管理人员对下属员工工作安排为例，主要对上级领导的沟通方式做出分析，以提供在该场景下上级领导人员的沟通技巧和注意事项。

一、实景映画

主要人物：

赵班长：负责协调工作，也会参与任务活动，性格老成严肃，平时和班员接触较少。

小王：经理老俞的徒弟，入职不到一年，经验不足，平时主要负责配合师傅完成任务。

某天下午，低压供电服务班收到公司下发的专项工作任务"××××工作典型案例收集"，要求当天反馈工作典型案例。案例的内容要包含案例概况、工作亮点、下阶段工作计划等，项目较多。当时班组人手不足，低压供电服务班仅有一名客户经理老俞，且当时正在参加技能岗位练兵考评活动，无法赶回编写案例，再加上这一紧急任务属于文书类工作，故赵班长将该项工作交给了老俞的徒弟小王，认为分配给大学毕业的小王最合适。

小王收到该项任务，发现以自己目前的工作经验开展该项工作有一定的难度，而且自己手上还有老俞走之前留下来的工作，估计要加班到很晚才能完成。小王想到自己好好的周五泡汤了，就比较烦躁，但还是收集资料，开始工作。

晚上 7:30，赵班长接到公司电话，要求尽快提交材料，便来询问小王："小王，下午交代给你的那个任务还在做吗？"

小王回答："我都在加班了，但是还没有完成呢。"

赵班长被公司催得也有些着急，就催促道："不是有之前的模板可以借鉴吗？你可得提高效率了呀！"

小王听到赵班长催他，一时激动，大声说了句："这又不是我的本职工作！"

一时间，赵班长也有点儿错愕，不知道该说什么。

根据本案例，试着分析并说说自己的想法：

1. 存在的问题

_____
_____
_____

2. 沟通策略

_____
_____
_____

二、在线解读

（一）提出问题 & 解决问题

在企业中，如何给合适的人布置合适的任务是每位领导都需要斟酌和学习的内容。本案例中，当临时性的大量任务出现时，班组长因为布置工作不合理导致员工产生强烈的反抗心理，而且最终任务并未按时完成。站在向下沟通的角度来分析，就人际需求理论的情感需求来说，赵班长在沟通过程中主要存在以下可以改善的地方。

1. 全面考虑，共同承担

就赵班长的人物性格来说，赵班长属于任务型领导，比较注重任务的结果而不是完成任务的人员和过程。因此在日常交往中，缺少必要的交流，所以布置任务时会有一定的困难。

针对该案例，当班组接到较难完成的紧急任务时，赵班长首先应对该项任务进行分析，制定完整的工作计划，确定任务的关键节点和各个阶段的完成时间；其次根据时间安排工作进程，并将计划分解为可操作的具体步骤；最后逐步执行，确保任务顺利完成。在团队协作中，领导需要充分发挥每个人的能力和特长，将工作分配给最适合的人员，这样能够提高任务的完成质量和效率。同时，分配任务时，需要考虑人员当下的工作量和时间安排，不能让任何人有超负荷工作的风险，并时刻沟通交流，及时解决问题。如当前没有合适的班员能"独挑大梁"，可以组织班员共同完成。在这个案例中，案例收集工作可以由赵班长主持、小王牵头，组织全体班员一起探讨选取合适的课题及典型案例方向，再分工由班组中的老成员提供历史优秀材料作为参考，由小王这位新成员负责文稿统筹撰写工作。这样一来，既减轻了该项任务的难度，减少了小王的工作量，也一定程度上锻炼了小王的工作能力。

2. 班员抵触，尽早安抚

本案例中，由于任务紧急，赵班长在下达任务时可能将紧张焦虑的情绪传递给了小王，同时缺少对小王的安抚和鼓励。人的潜意识都是趋利避害的，因此这在一定程度上让小王产生畏难情绪，主观地降低对自身能力的预期，也间接影响了工作效率。

当班员小王对大量的工作或临时增加的新任务产生抵触心理和不满情绪时，赵班长应该第一时间找小王沟通谈心，耐心倾听，了解小王的心态和想法，搞清楚小王因何不满，是自己在管理或安排上出了问题，还是小王自身在工作中遇到了问题。这样做，既能让下属感受到你对他的尊重，缓解他内心的不满情绪，还能为下一步制定具体的化解措施打好基础。在了解情况的基础上，赵班长还应该有针对性地安抚，如说明班组的特殊情况、该项工作的重要性，并对小王的付出表示肯定，让小王感受到自己的辛苦是被肯定的。

3. 临时加班，适量补偿

员工对企业满意度的高低直接影响工作效率，当员工满意度低或者不公平感高时，心里就会不平衡，产生紧张感。为了消除紧张感，恢复心理平衡，就会在心理和行为上做出改变，减少投入或者爆发情绪。本案例中，赵班长下达任务时只有态度强硬的要求而没有适当的奖赏，对于小王来说，面对不公平的工作分配和业绩奖赏，内外认知无法平衡直接引发本能的抗拒心理。

赵班长应该做好班员的加班记录，制定合适的加班补偿方案，如可以补偿调休，或月度绩效适当倾斜。这既是对班员奉献的肯定，也体现了班组的公平，一定程度上能够激发班员完成新任务的积极性。

（二）实况重构

当赵班长在班组人手不够的情况下又接到了一项新任务时，赵班长来到小王的工位："小王，老俞不在的这几天，你接替他的工作有什么困难吗？"

小王停下手中的活说："赵班长，目前感觉还可以的。"

赵班长说："他不在的这几天，活都要你来完成，也是辛苦你了。最近公司的新活是越来越多了，刚刚又下来一个编写案例的任务，恐怕还需要你来完成。"

小王问："班长，具体需要我负责什么内容呢？"

赵班长说："公司下发了专项工作任务"××××工作典型案例收集"，要求各班组上交工作典型案例，公司将挑选优秀案例上报给上级部门，后续会对入选单位进行绩效奖励。"

小王说:"有绩效奖励呀,那是好事啊。不过我没有写过案例,也没有典型案例的资料,不知道怎么做。"

赵班长说:"是的,这的确有点难度。这样,因为上面要得比较急,今天就要交,待会我组织开个小会,大家一起讨论下用哪个案例合适,然后分工,老李搜集资料,你主要撰写文本。我这里有一些往年优秀案例集,你可以参考格式和文风,有不明白的随时问我。今晚可能需要你辛苦加班了。"

小王说:"没事,反正明天就是周末,今天加班明天放松。"

三、练一练

1. 公司下达任务紧急,但是班组内人员不足,此时应该如何分配工作内容?

2. 对于第一次单独接手任务的新人员工,该如何鼓励他?

四、阅读延伸

年初,值内一年轻员工因为感情受挫,工作情绪低落,而且工作中错误频出,所以没能较好地完成自己的分内工作,也给值内其他人增加了工作负担。作为值长的我在值晚班时与他沟通,以工作条例规矩来劝说他,和他讲明如果不好好完成工作会产生的后果,结果沟通完后,不仅没有消除他的消极心理,反而激起了他的逆反心理。

第一次交流未果后,我调整策略,首先以朋友的身份在吃饭的轻松场合与他进行交流,设身处地地为他着想,询问他是否需要休息几天来调整状态。他表示自己不需要休息,我说"那先安排给你一些简单的工作吧",并且在接下来的工作中关心他的工作状态和情绪。

此次沟通结束后,他的情绪明显有了转变,之前的逆反情绪逐渐消散,虽然还是有些沉默不语,但是分配给他的工作他在尽力完成,有错误时还会和值内其他人道歉，工作状态有了很大的改变。

　　我想，沟通时要站在对方的角度才能理解问题，解决问题。对于不同的人沟通的方式并不相同，特别是面对年轻员工，强硬的态度往往会起反效果，他们更容易接受的是情真意切的谈心。

第二节 人情制度慎权衡

班组作为企业最小的组织机构，是企业所有业务落实和执行的基本单位，其重要性不言而喻。作为一线班组的管理者，班组长处在企业管理的最前沿，上连公司管理层，下连班组人员，既要传达好公司指示和要求，又要管理好班组内部，是上传下达、有效沟通的"顶梁柱"。在这个过程中，班组会自然而然形成该班组特有的工作氛围，这种氛围通常会影响班组内的每一个人，班组长恰当地权衡制度与人情，灵活解决有些看起来"微不足道"的事件，会激励队伍的干劲；在大问题面前展现良好的凝聚力，有时候甚至会产生意想不到的蝴蝶效应。本节以班组内部人情与规则出现矛盾时班组长与班组人员之间的沟通为例，分析解决该场景下班组长的沟通技巧和注意事项。

一、实景映画

▶ **主要人物：**

小朱：班组员工，平时为人有些斤斤计较，业务能力不错。
张班长：为人耿直，做事讲究规章制度，很有原则性。

某日，某区电力设备因灾受损，有重大安全隐患，某班组接到任务立刻派人抢修，一直工作到晚上才回来。停车时，作业车司机发现停车场的公车专用停车位被占用，由于停车位本来就不多，作业车转了一圈才找到车位。张班长工作一天很是辛苦，没想到回到公司还要为这点儿小事烦心，当即就在工作群里发了车位被占的照片以示告诫。

第二天早会，张班长在全班面前提到了这件事，说："公车车位不允许私家车停放，想必大家也是知道的，虽然没有明令禁止，但是影响了公车停车，继而影响到正常工作，万一耽误了正经事谁来负责？"

大家纷纷看向小朱，张班长问："小朱，昨天停在公车车位上的是你的车吗？"

"呃……是我的车。"小朱很不情愿地站起来，感觉被针对了。

班组同事见状，交头接耳。有人议论："非公用停车位的停车费也不贵啊，这么抠，这点钱都舍不得啊。""我改天也把车停公司来。"

也有人认为班长的做法有些不妥："不是吧，公司那么多停车位，给员工停一下也是员工的福利啊。""啊？这点儿小事还值得兴师动众开个会啊。"

班长听到了大家的议论声，就高声问道："大家也说说看，这停车位被人占着，是不是不公平啊？"一时间大家都安静了下来，没人回应。

听到这番话，小朱心里很不是滋味，说："我又不是一直停，单位的停车位暂时空着，临时停一下怎么了？不是很正常吗？停车的也不是我一个人，针对我就直说啊！"

感觉委屈的小朱一气之下，回家叫人一起开了两辆车过来，停在两个公用车位上，并扬言："不让我停，那大家都不要停了！"

根据本案例，试着分析并说说自己的想法：

1. 存在的问题

___

___

___

2. 沟通策略

_____

_____

_____

二、在线解读

（一）提出问题 & 解决问题

该案例存在于电网企业中"人情与规则"出现矛盾时的沟通场景。案例中的班组长从规章制度出发，采用较为简单直接的方式处理问题，在人情方面考量较少，让班组内议论纷纷，甚至可能产生人心不齐的后果，影响了班组整体的工作氛围和凝聚力。站在向下沟通的角度来分析，就人际需求理论来说，案例中的班组长在沟通过程中以下地方可以处理得更妥当。

1. 相关制度，提早定夺

在本案例中，没有提前规定或宣贯有关停车位的各种规章制度。尽管班组长的要求是符合制度和常理的，但因为没有明确规定，使得日常执行时"无据可依"。另外，由于班组长没有充分了解当事员工的处境状况，没有采取私下一对一的沟通方式而把问题公开化，使得处理结果看起来由"对事不对人"变成"对人不对事"，充满针对性，导致当事人和一些班员对此不满，张班长本来遵守原则，工作第一的形象反倒变成给同事穿小鞋的死板上司。

针对这种有可能发生的情况，张班长可以在班组内部制定停车位相关制度，通过班员共同讨论、表决、投票等方式确立大部分人认同的停车制度，并明文公示，如非日常工作时间可以停放一部分自驾车等。制度一旦形成明文规定，大家就有"法"可依，相关成员会主动遵守并维护，因为人通常是趋于内外一致的，为了维护自己参与制定并认同的制度，会约束自己的行为，坚定自己的认知。而当团体大部分人都愿意遵守一个规则时，小部分人为了得到团体的认同也会改变自己的行为，参与这种认同。

2. 探明原委，体贴人心

在东方社会里，人们会更加认同"树大招风""枪打出头鸟"的观点，总体而言，团体内统一和谐的形象会让我们有更多的安全感。张组长当众批评小朱的行为，忽略了"小朱需要被尊重"这一需求，使得小朱在众人面前陷入尴尬的境地，小朱可能觉得日后在同事面前无法自处，一时冲动做出霸占停车位这一不当举动。小朱的这一举动让事件升级，走到难以挽回的局面。

针对本案例，在出现人情与规则矛盾两难的情况下，"对人不对事"反倒是解决问题的新思路。张班长如果能够私下问清楚小朱这样做的原因，会将事情处理得更好。这样做，张班长让小朱有了自我澄清的余地，对小朱来说，也是一个自我反省的机会。可能小朱在心平气和的状态下能更快地意识到自己做法中的不妥之处。

3. 营造氛围，凝聚团结

对一些人来说，工作群体是主要的社交对象，他们通过群体内的沟通来表达自己的失落感和满足感。因此，班组内沟通可提供一种释放情感的情绪表达机制，并满足班组内人员的社会需求。

通常在一个正式的组织里，一定会形成一个非正式群体，非正式群体有自己约定俗成并自觉遵守的规则，具有很强的凝聚力和排他性。因此，张班长要善于引导非正式群体，使其为实现组织目标服务。例如，了解班组成员家庭情况，给予一定的帮助，不要使用强势的行为来对抗班组成员。注重营造班组和谐的氛围，开展班组团建活动，促进班组成员交流。

（二）实况重构

张班长看到公车车位停着班组成员的私家车，他眉头一紧，思索片刻，上班后就把小朱叫到自己办公室。张班长如同往常闲聊开玩笑地说："小朱，听说你们小区在装修地下停车室啊，那你们两口子车停哪里啊？"

小朱一听，也猜想到班长这么问可能是自己车子停在公车停车位了，于是就说："是的，张班长，正好咱们这儿晚上有空余停车位，我就让我爱人下班后停到这里。怎么了？张班长，不会是有人跟您告状了吧？"

张班长拍了拍小朱肩膀说："告状可就不是告到我这儿了，现在公司一直在强调廉洁、公私分明，这问题可大可小，不过事关集体荣誉，咱们还是多注意一点儿影响。"

小朱大吃一惊："这么严重啊，我倒没有想这么多。其实我也考虑到可能耽误公车停车，观察了几天发现车位一直空着，加上昨天我比较着急，别的地方也找不到，就停那儿了，我还想着停车位嘛，空着也是空着。"

张班长看小朱有所反思，就接着他的话说："这件事呢，我也有不对，一开始我也没说不能让家属用，大家也不清楚规定。你这么做虽然不是什么大事儿，但毕竟不是一件正确的事情，你想啊，如果其他人也跟你一样，咱们的家属都来这停车，不是扰乱正常工作秩序了嘛。说实话，昨晚检修回来以后公车没地方停，我当时火'噌'一下上来了，后来静下来想了一下你这么做肯定有原因，还是问一下为好。"

小朱说："哎呀，真是太抱歉了，张班长，都怪我没有考虑周全，私自占了公车位置。"

张班长拍了拍小朱的肩膀，说："这件事就算过去了，我会立即组织大家一起制定停车位的使用和管理细则，确保在不违反公司规定的前提下，让大家最大程度地享受福利。"

小朱："真是抱歉啊，班长，我以后一定注意！"

三、练一练

对于一些基于公司整体制度大纲的细小管理制度，应该怎么样制定才能既服众又合理呢？

四、阅读延伸

目前,我的工作岗位是城区供电中心综合班班长,班组中有三名老同志将在两三年后退休,他们对于公司的一些新要求和新规定不太能接受,时常导致任务延时完成。在这种情况下,我也不放心把重要工作任务交给他们,有时候甚至无法给他们安排正常的工作,这使得部分老同志思想松懈,经常迟到早退,不能有效遵守劳动纪律,给年轻员工带来了不良影响。

为了改善这种情况,营造班组积极向上的工作氛围,我先对班组工作进行梳理,发现大家抱怨工作量大是因为其中一些不得不完成的"闲事"占据了时间,我考虑把这部分事情安排给老同志。然后我和老同志交流谈心,我理解他们马上就要退休,不太能承担以前那么重的工作量,但是该遵守的纪律还是要遵守的,不然这是违反规定,而且给年轻同志做了反面教材。通过工作梳理和谈心,我对老同志的工作进行合理安排,譬如根据城区创建文明城市的工作要求,安排老同志参与志愿服务的工作,老同志也乐意参与,同时也减轻了年轻员工的工作任务量,一举两得。

通过合理的工作安排,班组和谐氛围明显浓厚,老同志可以做自己胜任的工作,上班纪律得到保障,年轻员工也可以全心投入日常工作。

第三节　青年人才重培养

安全是电力企业一切工作的前提条件，是确保电力企业正常运行的关键。具体到电力班组，安全问题往往一环扣一环，所以注重班组工作中的细节，是安全工作的重中之重。那么如何在班组工作中得到细致反馈，保证工作顺利完成；如何给予成员充分的信任让他们独立完成任务，同时又保证工作质量，是对班组长的又一考验。本节以班组工作中班组长与班员的一次误会沟通为背景，分析班组长如何更好地与班员沟通以得到有效反馈。

一、实景映画

▶ **主要人物：**

小铭：班组新成员，专业对口，平时做事有干劲，但经验不足，工作精细度有待加强。

刘班长：有丰富的一线经验，做事谨慎，沉稳老成。

小铭是××班组的新进大学生，在班组工作快一年了，刘班长一直看重小铭，平时生活中对他也颇为照顾。某天，小铭完成变电站单间隔改造回路拆除工作，刚回到公司，就被刘班长叫到了办公室。

"小铭，今天工作办得顺利吗？"刘班长问道。

"非常顺利，刘班长。"小铭兴奋地说："我花了很多时间和班组其他员工一起把改造间隔所有的回路都摸排了一遍，然后将有联系的回路都隔离清楚了。"

"不错，"刘班长微微点头，紧接着问："但是，你完全了解二次回路的走线了吗？会不会出现有些回路拆除不干净或者忘记拆除的情况？相关设备的安全措施执行到位了吗？比如安全隔离，对内部不需要拆除的回路有没有做好隔离？"

"回路隔离清楚了，安全措施也做到位了。"小铭兴奋的表情消失了，取而代之的是失落的表情，"班长，您听起来好像不是很信任我。如果是这样，下次您去现场监工比较合适。"

刘班长也感到疑惑，这不是正常的关心问候吗？怎么小铭话里话外透露着不耐烦。于是他说道："你们大学生从学校出来进基层班组，一个个都心高气傲的，前辈讲的一些事情都是经验之谈，这不是怕你也重复我遇到过的危险吗？"

小铭无端被说教，一下子把情绪代入了和唠叨的长辈的对话中，说道："行，我知道了，您还有别的要指教的吗？"

刘班长也很尴尬，一时之间也不知道该怎么和这些有个性的大学生交流了，只能回答："没有了，你走吧。"

刘班长不懂，怎么正常的关心被当成了"驴肝肺"，小铭也不懂，为什么自己努力工作得不到认可。

根据本案例，试着分析并说说自己的想法：
1. 存在的问题

_____

_____

_____

2. 沟通策略

_____

_____

_____

二、在线解读

（一）提出问题 & 解决问题

该案例反映出普遍存在于生活工作中，因言语没把握好分寸而使好意关心变成质疑的沟通场景。案例中的刘班长本着对工作严谨的态度，"过度关心"新员工，导致新员工的工作汇报得不到积极的反馈，反而使班组长和班员之间产生认识偏差，不利于今后工作的友好交流。站在向下沟通的角度分析，就人际需求理论来说，班组长在沟通过程中的以下地方可以处理得更妥当。

1. 把握重点，有的放矢

在日常工作中，对班员的工作进度、工作成果做出反馈是班组长必要的任务。及时准确的反馈对于班员进一步进行工作有着重要的作用。在这个案例中，刘班长显然没有把握住反馈工作的重点，以至于小铭混淆了日常关心与工作指导，自我成就感未被满足。

对于严格强调的安全问题，一定要严肃对待，不能有半点马虎；但是对于没有问题的工作反馈则要向对方传递积极的期望，班长几句"很好，希望你继续加油""你的进步很大"这样的鼓励，能让班员感受到组长对自己的信任和看重；如果班员工作出现了失误，那么这时候班长积极的期望和鼓励就显得尤为重要。

任何人都有自己的优势和不足，如案例中的小铭工作热情高但是细致不足。班长需要对班组成员的工作进行监督和管理，当成员表现好时给予认可和鼓励，不断挖掘他们身上的优点，将其优点放大，才能起到一定的激励作用。本案例中的刘班长本就看重小铭，有意培养他，班组工作任务重，班组长肩上的担子自然不轻松，那么合理分配任务、培养得力的班组成员显得尤为重要。在这个过程中，班组长可能更需要一些耐心与信任，避免总是抓住错误不放而吝啬夸奖，否则只会让自己越来越疲惫。

2. 适度放松，紧跟潮流

在本案例中，小铭面对刘班长站在长辈角度的教导产生本能的抗拒，对于目前有冲劲、有干劲的年轻人来说，强大的内驱力是促进其工作进步的主要原因，而刘班长的一番话反而激起了小铭这类年轻人的逆反心理，情况就变得适得其反。刘班长对于组织管理的知识明显不足，指责有余、关心不足，从而导致反馈效果不佳。

班组长应该经常更新自己的管理知识，尤其当一批又一批年轻人才涌入时，班组长需要主动学习，了解班员的性格特点，才能更好地理解、融入、带领年轻的团队。当刘班长想要具体关心班员的工作细节时，可以先表扬班员的工作现状，顺利打开员工沟通的心门，避免给人"审问"的感觉。在这个案例中，小铭作为新人，对工作充满热情，刘班长可以从这个角度对其赞许，让小铭感受到班长对自己的正向关注。之后，刘班长再对细节进行询问，就比较容易被小铭接纳，而不会被认为是"不放心"。

不被信任，会让员工不自信，而不自信就会使他们感觉自己不会成功，进而感到自己被轻视或者被针对，从而产生沮丧、愤怒、厌烦等不良情绪，甚至把自己的本职工作也"晾在一旁"。信任具有想象不到的激励威力，是授权的精髓和支柱。对员工来说，信任和期待往往是对他多付出的努力的一种肯定，是对其工作所取得的成就的一种欣赏。当然，指派员工去做某项工作后也不能不管不问，适当的时候问员工一些问题，可以防止他偏离正轨。

3. 适当放权，培养独立

在一线工作中，任务前的小心谨慎、任务中的严谨不怠非常重要，但对于完美结束的任务，也不能一味地苛求审视。在本案例中，刘班长对于结果反复确认就变成了对小铭的怀疑，一定程度上剥夺了小铭在自己拿手领域的支配感，会使小铭感到自己在组织中被架空，不利于小铭自身的成长，也不利于整个班组的进步。

其实无论在生活中还是在工作中，人们都有支配和被支配的需求。在本案例中，刘班长过度询问小铭的工作情况，其实在一定程度上剥夺了小铭对自己工作的支配权。刘班长应该在工作完成不错的方面表示肯定，特别是这种本身对自己就有信心的班员，可以在强调操作安全的情况下培养能力强、能独当一面的人才。

首先，对于下属，既要委以重任，又要授予一定的权力，使他们敢于负责，明确自己的职责，大胆工作，忠于职守。其次，在信任和重用的基础上，还要包容他们工作中的不足。一旦出现错误，管理者要勇于承担责任，帮助他们总结，鼓励他们继续前进。特别是在创新过程中，当他们遇到阻力和困难时，管理者要挺身而出，给予坚决的支持和有力的帮助。

（二）实况重构

小铭出工回来后，刘班长把小铭叫到办公室，笑眯眯地问："小铭，今天出工做了什么？还顺利吗？"

"非常顺利，刘班长。"小铭兴奋地说，"我花了很多时间和班组其他员工一起把改造间隔所有的回路都摸排一遍，然后将有联系的回路都隔离清楚了。"

"不错，"刘班长微微点头，说："你进班组也快一年了，成长非常快，工作积极性也很高，工作完成得也很出色。"

小铭不好意思又带点得意地说："谢谢班长信任。"

刘班长继续说："单间隔改造回路拆除是一项比较复杂的工作，需要百分之百的细心。之前我们班组有人出工时没有完全拆除某些回路，还好发现及时没有造成事故。"

"嗯嗯,这事我听说了。"小铭说,"运行的师傅今天也强调了。我跟运行人员一起将工作票中所有的相关间隔安全措施都执行完毕了,并且将内部不需要拆除的回路做了隔离。刘班长,你就放心吧,安全肯定是第一位,我绝对会提一百二十个心的!"

刘班长赞许地点头:"小铭,你考虑得很周全,工作也越来越熟练!非常好。"

三、练一练

班组内有个班员能力还算不错,但是因为太过自信经常犯些粗心大意的错误,对此你该怎么在不打击其自信心的情况下对他的工作进行反馈?

四、阅读延伸

无人站设备停复役操作,需要派正副值班员各一人前往该无人站,甲值的小林作为新考取的正值,被指定和乙值的老员工副值老高一起完成操作。当天我是当值值长。在被指定任务后,老高考虑到他们两人对该无人站设备的熟悉度不足,怕承担风险,对我说:"和小林一起去操作我不放心,我拒绝这个任务。"甲值人员表示:"小林的能力足以顺利完成简单的二次保护操作,且老高已经工作多年,他的工作经验不至于应付不了这类小操作。"甲值人员对乙值人员的言辞和安排略有不满。

值班员工作能力存在差异,考虑到责任的重大性,拒绝个人认为不合理的操作是合理的,但以令对方不舒适的方式提出,容易破坏同事之间的关系,也容易让能力被否定的同事信心受挫。

我考虑后为了避免矛盾,以及规避工作风险,加上我比较熟悉该无人站情况,决定和他们一起前往。之后小林的操作果然没什么问题,林高两人配合默契，工作顺利完成。

回来后，我和老高私下说："你看，小林虽然年纪轻但是技术还不错，你当时说的话真是有点伤小同志的心了。以后再有这种情况你私下说嘛，小心甲值的人对你有什么不满。"老高回："知道了，哈哈，这次是我没处理妥当，小林确实是挺不错的。"

第四节　新老代沟难跨越

　　管理人员和技能人员一直是企业的两个核心群体。近年来，电网企业不断地改革和发展，对人才的需求量逐年提高。越来越多的"00后"高校毕业生走进企业，企业管理人员的人才梯队日益年轻化。但是，电网企业中的一系列生产性作业岗位往往还要依靠有丰富现场经验的资深技能人员，因此日常工作中出现了越来越多年轻管理人员与资深一线技能人员的沟通场景。本节以变电站检修作业背景下年轻管理人员与资深技能人员之间的工作沟通为例，分析该场景下的年轻管理人员的沟通技巧和注意事项。

一、实景映画

▶ **主要人物：**

　　小俞：国网××市供电公司运维检修部变电检修专职，入职6年，责任心强。

　　戴师傅：国网××市供电公司变电运行人员，入职30年，现场经验丰富，性格较直爽。

　　国网××市供电公司在110kV某变电站综合检修期间，计划进行110kV开关柜C级检修。停电过程较为顺利，此时变电运行人员正在进行110kV出线停役的倒闸操作。由于该开关柜型号较为老旧，无自带接地闸刀，接地桩与柜体底部较为接近且无防锁为后期加挂（非原厂配套），倒闸操作进行到某110kV间隔挂接地线步骤时，接地桩工作空间不足导致无法将该接地线有效连接至相应间隔对应的接地桩。

戴师傅根据现场实际情况，认为开关柜门与整个柜体都有接地，那接地线可以连接在柜门上进行接地。依据自身多年工作经验，戴师傅很快做好了决定，并完成了挂接地线工作。戴师傅操作完成后，运检部专职小俞在现场巡视确认现场停电范围时，发现了该接地线的连接问题并当众喊来负责现场操作的戴师傅，言辞犀利地指出其并未有效接地。

因为要解决接地线问题，现场工地人来人往，大家经过时纷纷扭头观望。小俞气冲冲地指出问题："戴师傅，你这个接地线挂得很有问题，工作也三十多年了，怎么这么点小事都会出差错，这是很大的安全隐患，赶紧去整改。"

现场人员众多，戴师傅抬眼看了一下，自己的同事、徒弟都在，于是当场反驳："这和我工作多少年有什么关系？问题是空间不够，其余的办法我们都想过了，这样虽然不合规定，但是没有什么太大问题的。"

小俞听到戴师傅反驳自己，眉头紧皱，直接打断戴师傅，说："戴师傅，我们也是按流程按规定检查，这样就是不合规定，而且涉及安全问题，出了事情谁来负责？"

戴师傅并未听进小俞的话，语气不耐烦："我在这儿工作很久了，你说这些问题我怎么会不知道呢？你们年轻人都不懂灵活变通吗？"并且明确表示自己拒绝做出任何调整。

时间一点一点过去，气氛尴尬，两人在这个问题上僵持着，导致检修工作无法进行。

根据本案例，试着分析并说说自己的想法：

1. 存在的问题

_____
_____
_____

2. 沟通策略

_____
_____
_____

二、在线解读

（一）提出问题 & 解决问题

年轻管理人员与资深技能人员之间的沟通场景普遍存在于电网企业中。案例中的年轻管理人员小俞和资深技能人员戴师傅之间的不良沟通和矛盾冲突所造成的工作僵持、停滞是该场景中的典型事例。站在向下沟通的角度分析，就人际需求理论来说，年轻管理人员小俞在沟通过程中存在以下可以处理得更妥当的地方。

1. 细致入微，对症下药

沟通事件发生前，管理人员小俞在不了解事情原委时就指责有着丰富现场经验、资历阅历都比自己丰富的技能人员戴师傅工作不严谨，对其工作能力产生怀疑，让戴师傅感到不被尊重。在公共场合，不管是指出新员工的问题还是指出老员工的问题，对于人与人的沟通来说，此时的"铁面无私"就显得很不恰当，不近人情。小俞忽略了戴师傅作为年长且经验老到的员工的情感需求。

小俞应该在大致了解现场情况后再向戴师傅提出疑问和对安全的顾虑，向与其共事的同事大致了解戴师傅性格为人后，调整自己的沟通策略。了解情况、理解当事人的做法，并且表达出对当事人这种做法的理解，例如"戴师傅，我看了一下这个情况，确实是空间不够操作，如果是我，为了快速解决问题肯定也会当机立断想到这个办法。"在一个集体中，尤其是班组这样工作交流集中的群体里，为了眼下的工作顺利进行，也为了将来能够合作良好，人们通常会选择采取更加"合群"的态度。

2. 提升自身，以柔克刚

沟通过程中，年轻的管理人员小俞当众用漫不经心的态度和不容置疑的语气指责戴师傅，这样的沟通方式本身就存在问题，当面对类似戴师傅这样资历阅历丰富、性格刚直的角色时，挑衅意味就更强烈。没有根据沟通对象的群体通用特性及个体的性格特点选择合适的沟通方式，往往也是引起沟通冲突的重要原因。

管理人员，无论是对待新员工还是对待老员工，自身稳定情绪很关键。越是紧急时刻越需要保持淡定。尤其是对待一些技术过硬但是颇有个性的资深员工，保持谦和有礼，用温和的语气询问事情缘由会更好。例如"戴师傅，我看咱们这个接地线是直接连在柜门上了，我也不太了解咱们这个设备的情况，您能给我讲一下这么做的原因吗？"管理者的培训，不仅要使其精通该岗位的技术工作，同时也需要提升管理者对于团体内氛围变化的敏锐度。尽管人们在处理信息、发出信息时，习惯性地偏向于自己的本能，但是对沟者通来说，多练习沟通技巧，也能在关键时刻调整好讲话的角度，减少不必要的摩擦。

3. 把握方向，以理服人

双方在多个沟通回合后，小俞并未真正重视戴师傅就现场实际情况所反馈的内容，打断戴师傅的解释，忽视了原本应该聚焦的沟通问题是"如何安全且可行地挂好接地线"，也没有给出可行的方案，而将沟通问题聚焦在了无关紧要的情绪宣泄上，进而持续加深了矛盾。

了解情况后，管理人员应该有能力做出更合理有效的判断，这时候再向老员工提出问题和解决的方案，会让人更容易接受。例如"那这样，戴师傅您看我们×××这样做，会不会更安全一点，当然这方面肯定是您比较有经验，交给您我也放心。"管理人员面对事情时更应该有自己的主张和判断。但是这种主张和判断一定是对事不对人、客观且理智的。知人善用是管理人员应有的优点，但是在人员固定且没有办法更改的情况下，拥有很强的包容性，利用沟通去说服员工来达成自己的目的，也是可以通过练习来实现的能力。

综上所述，我们不难发现，排除客观因素，如现场嘈杂沟通被打断、语音含糊不清等问题，大部分工作场合沟通的障碍都是客观问题转变为主观情绪问题，导致问题无法解决，而情绪问题又会因为个体主观的过度加工、认知偏差、心理障碍、思想观念上的差异等造成沟通障碍。在生理需求被满足的基础上，人们往往追求更高层次的需求，在人际交往需求中，放在向下沟通的场景里，一名包容性强的管理人员往往会给予技术人员希望得到的情感支持，而在完成工作时，管理人员给出明确的大方向后，适当的放权也会让技术人员完成工作时更有成就感。

（二）实况重构

在前往变电站有问题的柜门的途中，小俞和戴师傅闲聊："戴师傅，您在这儿工作好多年了吧？"小俞客气地询问。

"怎么也有三十多年了吧，企业改革发展、设备更新换代，我也是看着你们这年轻的一代一代员工成长起来的。"戴师傅颇有感慨。

"您可是技术骨干，好多地方还是需要您宝贵的经验呀。"小俞顺着戴师傅的话说，顺便让戴师傅大致介绍了现场情况，了解基本情况。

到了有问题的柜门附近，小俞问戴师傅："戴师傅，我看了一下这个情况，确实是操作空间不够，如果是我，为了快速解决问题可能也会想到这个办法。"

"对，这就是开关柜型号比较老旧，没法操作了。"戴师傅回答。

"那咱们这个接地线现在直接连在柜门上了，这样做其实是有安全隐患的吧？"小俞委婉地问。

"时间紧急，所以我凭经验先这样操作了，确实是很危险，我们之后会再想其他方案的。"

之后，小俞和戴师傅等技术人员商量尝试其他合规可行的方案，融洽而又快速地解决了问题。

三、练一练

1.假设你的班组里有一位马上要退休的老员工，你该如何要求他严肃对待工作？

2.假设你是班组的负责人，也是一位年轻的管理人员，你会如何向资历老的员工指出他的某些操作不合规定呢？

四、阅读延伸

最近有人向我反映，班组里的陈师傅外出完成工作后有时会进入居民家中乘凉饮茶聊天，直到接近下班时间才返回。我最近也发现班组里的部分人爱做甩手掌柜，仗着资历老，不配合工作，不领会公司新要求，甚至出现躲避工作、在外有意拖长工作时间等情况，其中陈师傅的情况较为突出。

这个问题不是突然出现的，也不是陈师傅一人，其他师傅或多或少也有这种情况。作为班组长的我也做过许多工作，但最后碍于情面时常不了了之。陈师傅是所里的老员工，资历比我老，我还曾是他的徒弟，近期工作量大，我也时常交代他早些回来。后来，我将这件事反馈给所领导，他们对此略有耳闻，但不知所内风气正朝慵懒懈怠靠近。经过讨论，我们打算开一次所内会议，由各班组长带头说一下各自的问题。

我们以新工作安排为由，安排了一次会议。书记提出："局里正开展所内人员自查工作，各位都说说自己的工作问题和苦恼吧，先请班组长先开始。"这是我们事先安排好的问题自查，由班组长带头，直到让老员工反省自身问题。"我作为班长，工作安排不够合理，对工作的定量不够清晰，人员管理较为松散，本周起我准备打乱人员外出组合，我也参与其中，一是了解现阶段各人员技能熟练情况，二是在工作中了解各位班员的实际困难，也请两位领导监督，不打人情牌不说人情话"，后面接连几位年轻师傅认真自查，直到陈师傅等老员工。陈师傅一开始有些不情愿，但看了领导的眼神后，陈师傅还是说起了他不愿回所，在外拖延工作的情况。原来，领导曾私下和陈师傅沟通，说此次会议不仅是一次问题自查，更是对老师傅的一次考验，陈师傅是所里的老师傅，更需要有前辈的气度和风采。作为所里老师傅的头头，此次需要陈师傅站出来做表率。"希望大家以我为戒，不因资历老而资格老，尤其是年轻的员工，我也是你们这样过来的，我做了坏榜样，希望大家好好监督我。"陈师傅说完低着头坐下了。领导们先是带头鼓掌，肯定陈师傅的态度好，值得年轻人学习，然后赞扬陈师傅等一众老师傅的工作技能、曾经的成就，最后做了会议总结讲话。会议之后，所内成员精神风貌饱满，慵懒之风、疏忽之风渐散。

第四部分
平级沟通

交互决定论（reciprocal determinism），是 20 世纪 70 年代美国心理学家班杜拉提出的关于人的行为的决定因素的理论。该理论认为，人与环境是相互作用的，人通过自己的行动创造环境条件，这些条件又会对人的行为产生影响。将这些理论运用在企业沟通中，特别是平级沟通，更需要人为创造有利于个人的沟通环境来达到目的。为搭建有利的沟通桥梁，交互决定论总结了以下几点。

清晰目标：在企业中，平级沟通的目标应该是解决问题、协调工作、促进团队合作等。在沟通前要明确自己的目标，确保沟通的方向清晰明确。

倾听和尊重：平级沟通需要双方都倾听对方的观点和意见，并且尊重对方的权威和经验。尊重和倾听是建立信任和合作的基础。

温和坦诚的表达：在平级沟通中，尽量以温和、坦诚的方式表达自己的观点和意见。避免过于强硬或过于委婉，以免引起冲突或误解。

解决问题的导向：在平级沟通中，要以解决问题为导向。不要陷入指责和批评的循环，要寻找解决问题的方法。通过合作和协商，共同解决困难和挑战。

第一节　委托任务细核对

每个人在日常工作中，都会遇到自己出差或休假时，需要单位同事帮忙处理工作的情况。在这种情况下，经常出现两个同事之间工作沟通不畅的问题，本节以上级单位布置紧急提交报表的任务为背景，以年轻的平级员工的工作交流为例，主要对年轻员工的沟通方式做出分析，提供在该场景下平级同事间的沟通技巧和注意事项。

一、实景映画

主要人物：

小希：入职不到两年，经验较少，此时正在疗休养返回途中。

小望：入职不到两年，经验较少，平时为人热心，喜欢帮助同事。

某个周五，小希在疗休养返回途中，突然接到上级单位通知，要求在一小时内提交"职工信息统计表"，于是联系单位上班的小望。

小希："喂，小望，你在单位吧？麻烦帮我看一下内网邮箱，就刚刚张三发的那个。"

小望："是那个'职工信息统计表'吗？"

小希："对对，你帮我填一下吧，这个报表我上个季度也填过，就放在桌面上，你可以参考一下。这个要得很急，一个小时就要提交！"

小望："好的，我填好发你，你再看一下。"

小希："好的，谢谢……不跟你说了，我这边有点事先挂掉了！"说完，小希匆匆关机，登上飞机。

小望填好表格，发送给小希："小希，你看一下，没问题的话我就提交了。"

眼看就要到上报的时间，小望见小希没有反应，默认表格没问题，就报给了上级单位。

到了周一，部门主任老罗收到上级单位通知，由于上报数据审核不严导致结果出现错误，可能下发考核意见。

老罗把小希和小望叫到办公室了解情况。

小望："我已经发给小希看了，小希没有回消息，上报时间又那么急，我就提交了。"

小希："我当时在飞机上，根本看不到消息。再说了，我已经跟小望说了可以参考之前的文件呀！"

小望："你也没说你在飞机上啊，谁知道你看不了啊！"

小希："谁能想到这么简单的表格你都能填错！"

空气中弥漫着火药味,老罗见状让二人各自回去反省,此后两人原本融洽的关系变得紧张起来。

根据本案例,试着分析并说说自己的想法:
1. 存在的问题
___
___
___

2. 沟通策略
___
___
___

二、在线解读

(一) 提出问题 & 解决问题

平级沟通的难点就在于大家并不是上下级关系,谁也不能压倒谁,互不服气,互相推诿,所以经常僵持不下。本案例中的两位主角,在问题发生后,相互推诿,谁都不愿意承担责任,如果错误只在一方,矛盾一定不会持续。站在平级沟通的角度来分析,小希和小望在沟通过程中应注意以下几个方面。

1. 态度谦逊,明确请求

平级沟通时,准确表达需要他人帮助的事项,明确自己需要完成的事项。小希答应小望会对报表内容审核,但是未告知小望自己因乘机无法及时查看,未能如约审核报表,且事后未对此事跟进,没有及时发现问题。

同时，小希在未明确具体工作要求的情况下，就将工作任务交代给其他同事，做事马虎，这种性格在交代任务时可能产生一些问题。

针对该案例，当疗休养返回的小希接到紧急任务时，应先分析该项任务，明确工作目标和时间节点，梳理工作流程，判断哪些事情需要自己先完成，然后选择合适的同事；工作交接后，要及时配合完成审核，及时跟进沟通，不能撒手不管。在这个案例中，小希应提前分析小望在帮助自己处理工作时会遇到哪些困难，事先告知处理方式，同时说明自己即将乘机无法及时审核的情况，跟小望约定好审核时间，确保工作没有问题后再提交。这样一来，既减轻了该项任务的难度，又减少小望的工作量，也在一定程度上锻炼了小希的工作能力，让他学会换位思考。

2. 精确反馈，提高素养

帮助同事处理重要工作时，记得及时反馈让其审核并确认。本案例中，小望在没有得到小希准确答复的情况下，直接向上级反馈报表，事后也未与小希再次沟通并核对报表，未对工作质量进行有效把控，对他人所托付的工作任务缺乏足够的责任心。

针对小望和小希之间产生的矛盾，客观来讲，小望出于帮助之心并无恶意，但是在缺乏了解此业务的情况下草率行事，也在一定程度上说明其对承接的工作的责任心不够。小望以后处理相关事务要更加谨慎细心，两人的领导可以考虑在部门内部设置AB角制度，提高补位人员的专业素养，确保工作质量。

3. 主动反省，承担责任

出现问题要学会反思，不要一味地把责任推卸给对方。比较好的解决方式是由主任老罗邀请两人一同交流，说明此事的发生确实存在管理漏洞，两人均有不足之处，但不必相互指责，工作中需要相互理解，加强沟通，多换位思考，才能提升工作质量。

所以，当问题发生时，我们要学会主动反省，主动沟通，防止问题的扩大。为了将问题扼杀在萌芽状态，也就是管理学中定义的"事前预防"，我们要具备高度的责任心，主动配合他人的工作，多与他人主动沟通，不要让冷漠形成一堵墙。沟通既是管理的灵魂，也是提高工作效率，实现共同目标，满足各种需要的重要手段，同时，良好的沟通还能减少冲突、化解矛盾、消除疑虑、澄清误会，增强团队凝聚力。

（二）实况重构

小希："喂，小望，你在单位吧？麻烦帮我看一下内网邮箱，就刚刚张三发的那个。"

小望："是那个'职工信息统计表'吗？"

小希："对对，你帮我填一下吧，这个报表我上个季度也填过，就放在桌面上，你可以参考一下。这个要得很急，一个小时后就要交！"

小望："好的，我填好发你，你再看一下。"

小希："好的，谢谢！我明白你的意思了。不过，我等会要乘飞机，可能没办法及时回复你。"

小望："啊，这样啊！那我知道了，我会尽快填好并发给你。如果有什么问题，我会及时联系你的。"

过了一段时间，小望打电话说："小希，我已经填好了表格，发送给你了。你得再看一下哦。"

小希："太感谢了！我现在查看一下。嗯，我看了一遍觉得没问题，你可以报给上级单位了。"

几天后，部门主任老罗把两人叫到了办公室："小希，小望，我收到上级单位通知，说我们的上报数据出现个别失误，可能会下发考核意见。你们俩来办公室，我们一起了解情况。"

小望："主任，我已经发给小希审核了，小希回复说没问题，而且上报时间又很紧，所以我就提交了。是我不够细心，我应该跟小希电话再核实一遍的。"

小希："主任，我当时在飞机上，没仔细核实。是我没有把工作交代清楚！"

老罗："好了，好了，我明白了。看来这次出现的问题主要是沟通不细致造成的。小希，你在飞机上确实不方便仔细审核，但你要预想到这些情况，提前请小望帮你一起审核。小望，你也要多考虑小希的情况，尽量配合他完成审核工作。以后，我们要更加注重沟通和配合，共同避免类似问题的发生。"

小希："好的，主任，我会更加注意沟通和协调，也要对自己的工作更有责任心。"

小望："我也会更加留意在沟通中理解对方的需求，对工作也要更细致。对不起，小希。"

小希："没关系，我们都是为了公司的利益。以后我们要更加密切合作，相互支持。"

三、练一练

公司下达重要工作任务，需要紧急完成，你和同为年轻员工的小张一起负责，如何做好沟通，合理分配任务，确保工作顺利完成？

四、阅读延伸

某年 7 月，为了加快推进和深化公司运检一体及专业化自主检修，中心领导任命从事检修工作年限不长的我为一次专业工程师兼中心专职，当时我感到压力和责任很大。为了让领导放心，我在会上表态将一次检修工作做实做细和做稳，虽然安全生产的任务任重而道远，但是我喜欢挑战。哪怕辛苦，我也觉得身为党员就应冲锋在前，将自己的本职工作做好。

但是事情往往不像预想得那么顺利，同年 8 月，500kV 变压器发生了压变渗漏油事件，当时正值迎峰度夏用电高峰期，等现场运检人员发现时，电磁单元油位已然看不到。现场工作人员立刻给我打电话，需要我当即判断做出应对，现场设备处于运行状态，是否有带电风险，如果电容电磁单元内持续漏油是否会造成事故进一步扩大等。当时我正借调在外，没有第一时间接到电话，现场处理不够及时导致线路紧急拉停，群里的老员工怨声不断，似乎在埋怨我处理不及时，没有第一时间回复做出应对。

收到这个消息并和公司专业汇报详情后，我立刻打车赶往现场，希望能在最短的时间将"人机物"管控思维排兵布阵落实到现场，考虑如何在最短的时间将故障设备更换，并恢复线路运行。之后我与师傅在现场细致翻阅图纸，查阅吊机作业安全距离是否需要邻近设备陪停，有没有更好的处理方法，彻夜未眠的我在师傅的指导下安排好了现场的一切，直到最后设备顺利恢复运行。

设备故障在所难免，关键是源头需做好管控，加强现场人工和视频远程巡视。同时故障发生后应加强沟通，遇到重大事情或特殊情况应及时汇报给专业负责人和领导，以免扩大事故。

安全生产责任大于天，基于职位的全盘考虑，并做好自己，保持本心。

第二节　重要事项多强调

沟通是企业管理和团队协作的基本要素，是各部门、专业提升工作效率的关键。为提升电网的供电质量及可靠性，加速坚强电网的建设，国网公司每年都会定期开展主网的综合检修工作。在综合检修工作开展前往往需要做大量准备工作，包括停电计划安排、物资供应、后勤保障、施工预案等。只要有一个环节没有做好，就会影响整个项目的进度。本节以主网综合检修背景下不同专业同事之间协同工作的沟通为例，分析该场景下的沟通技巧和注意事项。

一、实景映画

▶ **主要人物：**

潘师傅：主网专职，平时做事有些风风火火，业务能力较强。
赵师傅：营销专职，工作繁忙，做事讲究规章制度，很有原则性。

主网综合检修前期，主网专职潘师傅在3月10日发邮件告知调度、营销、物资等专业配合该项工作，并于4月10日，召开××变综合检修协调会。

潘师傅："4月25日，需要开展综合检修，其中3个专线用户需要陪停，请营销部门做好客户告知工作。"

赵师傅："啊？这个事情你提前怎么不说，我也是看到会议通知才知道这个事情，刚刚和用户初步沟通了，用户最近订单很多，停产停不下来。"

潘师傅："我在 3 月 10 日就发过邮件了，你自己不看的吗？"

赵师傅："那几天我的邮箱内容很多，你就不能电话告知吗？仅一个邮件，很容易注意不到，我们也很难办的。"

潘师傅："那你这就是不配合工作啦？"

赵师傅："你这是强人所难，短短几天时间让我去说服用户，根本做不到。"

说罢，赵师傅离开会议室，并向营销部主任汇报该事，同时潘师傅也向运检部主任反馈了沟通结果。

根据本案例，试着分析并说说自己的想法：

1. 存在的问题

_____
_____
_____

2. 沟通策略

_____
_____
_____

二、在线解读

（一）提出问题 & 解决问题

该案例反映了普遍存在于电网企业中需要同事之间相互配合的沟通场景。

案例中的各专业员工合作时都处于比较封闭的环境，本位主义思想严重，由于沟通渠道单一，导致关键信息遗漏，这些都影响了最后任务的开展。站在同一团队不同分工不同责任场景下平级沟通的角度来分析，潘师傅和赵师傅在沟通过程应注意以下方面。

1. 强调重点，明确任务

重要工作多渠道通知，以便明确任务目标。本案例中，潘师傅认为发邮件通知就足够了，但赵师傅表示自己可能错过这样的通知。这种问题主要原因在于沟通方式选择不当，导致信息同步不及时、不全面，团队无法明确任务目标。

为了解决这个问题，沟通双方应该根据不同情况和重要性，选择合适的沟通方式。对于重要的事项，可以电话沟通或面对面沟通确认。此外，可以预留一定的时间来回顾和确认重要信息，确保没有遗漏。双方还可以约定在重要事项上采用多种方式进行通知，如发内网邮箱通知并电话或面对面沟通，确保信息的准确传递和接收。

2. 语气平和，理智对话

沟通语气温和，才能使对方愿意配合。在本案例中，潘师傅认为赵师傅不配合工作，赵师傅则认为潘师傅强人所难。这种问题可能是双方在沟通中态度不合理或存在一定的误解而导致的。

解决这个问题的方法是，双方都要保持冷静和理性的态度，理解对方的困难和挑战，学会站在对方的角度思考问题，用更平易近人、温和坦诚的方式互相交流。召开协调会议，明确各方的工作责任。另外，进行沟通技巧和沟通意识的培训也是解决这个问题的有效方式。通过培训，双方可以学习如何以平等和合作的态度进行沟通，建立良好的工作关系和沟通氛围。双方还可以定期反馈和沟通，解决潜在的问题，改进工作流程和沟通方式。

3. 责任分摊，共同解决

遇到问题时，先共同思考解决办法，不要陷入批评和指责的循环。本案例中，潘师傅和赵师傅的沟通问题还体现在他们陷入了批评和指责的循环，没有优先共同思考解决办法。这种态度会导致沟通紧张和不愉快，影响工作效果。

为了解决这个问题，可以采取以下解决方案。双方首先需要意识到，批评和指责并不能解决问题，只会加剧紧张和不满。他们可以约定在接下来的沟通中保持开放的心态，尊重对方的意见和观点，这样可以促进双方更好地交流和思考解决办法。同时注意强调，双方需要明确问题解决的目标和意义，意识到合作解决问题才能达到更好的效果。他们应该共同关注问题的根本原因，而不是互相指责。通过分析问题的现状，双方可以更好地找到解决方案。双方可以学习积极的沟通技巧，如主动倾听对方的观点，表达自己的想法时使用积极的语言，避免使用批评性的词语。这样可以促进双方更好地理解、接受和支持彼此的意见，从而更好地合作解决问题。

（二）实况重构

潘师傅："4月25日，××变需要开展综合检修，其中3个专线用户需要陪停，请营销部门做好告知客户工作。"

赵师傅："啊？这个事情你提前怎么不说，我也是看到会议通知才知道这个事情，刚刚和用户初步沟通了，用户最近订单很多，停产停不下来。"

潘师傅："我在3月10日就发过邮件了，你自己不看的吗？"

赵师傅："那几天我的邮箱内容很多，没注意到。以后有类似的事情，你最好电话告知，光一个邮件，很容易注意不到，我们也很难办的。"

潘师傅："我知道你很忙，但我以为邮件通知已经足够了。"

赵师傅："我理解这是重要事项，但是我们需要更多的沟通渠道，可以通过电话或者短信提醒我，这样我能更及时地了解到重要信息。"

潘师傅："好的，我明白了，以后我会采用多种方式提醒你重要事项，以确保信息及时传达。"

赵师傅："谢谢你的理解，这样我们可以更好地配合工作，避免再次发生类似的问题。我会向营销部主任汇报该事情，确保客户得到妥善安排；同时，你也可以向运检部主任反馈我们的沟通结果，以便他了解情况。"

潘师傅："好的，我会向运检部主任反馈这次沟通结果，以便他做出相应的安排。感谢赵师傅。"

三、练一练

对于重要工作，有哪些沟通渠道可以确保工作通知到位？怎么样对这些渠道进行合理使用和管理？

四、阅读延伸

在公司里，我一直秉持着随和的态度，尽量避免争执，与同事都相处得相当融洽。然而，最近小李的行为确实让我困扰。他处处针对我，故意增加我的工作量，甚至抢夺我的客户资源。我明白，对于这种情况，不能一味地忍让，平级之间的沟通同样需要智慧和勇气。

那天午饭时间，我注意到小李和几个同事聚在一起，不时地对我指指点点，并发出嘲笑的声音。我深吸一口气，走到他们面前，冷静地说："小李，我想我们有必要私下谈谈。我注意到你最近的行为让我感到很不舒服，我不明白为什么你会对我产生这样的误解或敌意。"

小李显然没想到我会这么直接，他愣了一下，然后说："你误会了，我们只是在开玩笑。"

我坚定地看着他，说："开玩笑也应该有个限度。如果你真的对我有什么不满，我希望我们能够坦诚地沟通，找出问题的根源，一起解决。毕竟，我们都是为了公司的利益而努力。"

小李看了我一会儿，似乎也被我的态度鼓励，他点了点头，说："好吧，我们找个时间好好聊聊。"

接下来，我们约定了一个时间，坐下来进行了一次深入的沟通。通过交谈，我了解到小李之所以对我产生误解和敌意，是因为他在某个项目上觉得我的做法不够公正，让他感受到被忽视和被排挤。我耐心地解释了我的想法和考虑，同时表达了对他的理解和尊重。

经过这次沟通，我们之间的误会得到消除，关系也得到改善。我也意识到，平级之间的沟通同样需要耐心和理解。只有当我们愿意坦诚面对问题，积极寻求解决方案时，才能建立起真正的信任和合作。

从那以后，我开始更加注重与同事之间的沟通和交流。我尽量多了解他们的想法和需求，尊重他们的意见和建议。同时，我也更加关注自己的言行举止，尽量避免给他人带来困扰和误解。

我相信，只要我们能够以开放的心态去面对问题，积极寻求解决方案，就能够营造一个更加和谐、融洽的工作氛围。

第三节　分工合作明细节

在日常工作中，经常需要大家协同完成一项工作任务，这时需要确定主要责任人，负责牵头组织完成工作，其他人则分工协作，配合完成工作任务。这个过程会涉及部门同事间的平级沟通。如果分不清主要责任人和配合人员，大家推诿，工作则无法开展。同时，在平级沟通过程中，分工要明确，应全面细致思考，明确沟通目标和沟通次序，避免造成他人不理解甚至误解的情况。本节以物资部专职在工作中的沟通交流为背景，分析沟通中的深层次问题并思考对策办法，为实现合理有效的平级沟通提供参考。

一、实景映画

▶ **主要人物：**

小麦：计划专职，平时做事说话较直接。

李可：废旧专职，专业对口，工作较繁忙。

省公司物资部废旧专职（原计划专职）联系市公司物资部计划专职小麦，需要完成一项物资废旧专业典型经验的编写工作。于是计划专职小麦承接了此项任务，但是需要废旧专职李可提供数据并配合编写。

小麦："李哥，昨天省公司有个工作分配到我们公司，要写一篇关于物资废旧专业典型经验的文章，这个是你的专业，主要得靠你了。"

李可："这个关于物资废旧的事情，我没有接到任何通知。这个事情是每个地市公司都要做的吗？"

小麦："省公司废旧专职直接联系我的，目前的安排是由我们公司主要编写，后续是否会有其他人参与得看省公司下一步安排。"

李可："文档最终要写成什么样子呢？有没有相关的要求？"

小麦："省公司也没给具体的指示。"

李可："我最近很忙，这个工作前期也没对接过，既然直接派给你了，主要还得靠你自己完成。"

小麦："但是我不是废旧专业的，很多东西我不懂，相关数据我也没有，这个报告我来写很难完成。"

李可："你需要数据的时候再来找我吧，我可以提供给你。"

小麦是第一次处理这类事情，遭到拒绝后心里很不好受，任务也没法正常进行下去。

根据本案例，试着分析并说说自己的想法：

1. 存在的问题

_____
_____
_____

2. 沟通策略

_____
_____
_____

二、在线解读

（一）提出问题 & 解决问题

这个案例的类似情况在日常工作中屡见不鲜，由于工作分配不明确、工作要求与指示的模糊，以及合作与沟通意愿的不足，任务难以顺利开展。站在平级沟通的角度来分析，小麦在沟通过程中应注意以下方面。

1. 提前思考，打好草稿

沟通前，深入的思考和全面的准备是确保沟通效果的关键。在本案例中，小麦承接任务时虽有所准备，但由于自身废旧物资领域的专业知识不足，他的思考不够全面。他没有充分考虑到典型经验编写过程中需要的数据支撑和典型案例的引用，导致在与废旧物资专职人员李可的沟通中，未能有效地传递信息并取得预期的沟通效果。

首先，他应该积极寻求工具和方法来支持自己的全面性思考。例如，他可以制订一个详细的沟通计划，列出需要讨论的关键点和需要准备的数据、案例等，确保沟通时能够有条不紊地表达自己的观点。其次，小麦应该主动与废旧物资专职人员李可进行更深入的沟通、讨论和交流。通过积极的互动，他可以获得更多关于废旧物资领域的知识和经验，从而更好地理解和把握典型经验编写的要点。再次，小麦还可以寻求上级领导的支持，通过自上而下的方式达成共识。上级领导的经验和视野往往更为广阔，他们可以提供有价值的建议和指导，帮助小麦更好地完成任务。最后，小麦也可以考虑寻求中间人作为缓冲角色进行沟通。在沟通过程中，中间人可以起到桥梁的作用，帮助双方更好地理解彼此的立场和需求，从而缓解矛盾问题，增进双方的理解和信任。

2. 合理分配，细化任务

在小麦与李可的沟通中，他们并没有明确沟通的具体目标和期望，只停留在最宽泛的方向上——这件事情谁负责。专职小麦需要清楚地传达他的需求、方案编制的具体思路以及向省公司沟通反馈的情况。模糊的沟通目标会导致信息传递不明确，双方对沟通内容和期望的理解存在偏差。

小麦应在沟通前明确目标，目标是寻求反馈、征求意见还是想把本次工作交由废旧专职李可来牵头负责，确保沟通双方对期望有清晰的理解，并在沟通过程中不断确认双方的理解和期望是否一致。

3. 提升技巧，巧妙表述

专职小麦在与李可沟通时可能没有很好地运用沟通技巧和表达能力，无法清晰、有力地传达他在前期编写准备过程中的思考以及遇到的困难、工作需求。这可能包括缺乏明确的演示、逻辑推理和说服技巧，以及不能很好地回应对方的关切和问题。

针对此任务，当省公司将其布置给市公司物资部后，专职小麦应先对任务进行初步了解，并向部门领导详细汇报工作。随后，他应与李可等专职人员深入沟通交流，以促成物资部内部的全面商讨。通过借助领导更高的视野和站位，小麦可以引导相关专职人员明确工作责任和分工、细化编写计划方案、统一对外沟通口径，从而确保任务的高效执行。

通过这种方式，小麦不仅能够提升自己的沟通技巧和表达能力，还能确保团队内部的顺畅沟通，共同为任务的完成贡献力量。

（二）实况重构

小麦思考了一番，觉得自己确实准备得不够充分，于是在补齐了一些资料后准备向直属领导主任汇报工作情况。

小麦："主任，您好，前期省公司废旧专职联系我，需要我们编写一篇关于物资废旧专业典型经验的文章。但是我不是对口专业的，可能执行起来比较困难。您这边有推荐的人选吗？可以给我提供一些支持吗？"

主任："嗯，我觉得李可在这方面不错，有经验。那这个工作你负责牵头，李可那边我跟他联系下，让他做好工作支持。"

小麦:"好的,感谢主任的支持,具体的工作我会及时和李哥沟通的。"

(得到主任肯定后,小麦准备和李可沟通编写工作相关事宜)

小麦:"李哥,这两天我参考了其他专业的材料,同时与省公司废旧专职进行了沟通,给典型经验拟了一个初稿,已经发你邮箱了。"

李可接到主任的安排后,也重视起来这项工作了,于是主动问道:"好的,具体需要我做什么内容呢?"

小麦:"麻烦你帮忙补充一下相关内容,我在文档相应地方标黄了。其中,第二章'问题分析'需要补充一些专业细节;第三章'解决方案'需要部分专业数据。你是专业的,其余内容也得辛苦你再审一审,提提建议。"

李可:"好的,明白了。我马上就补充,等写完了我们找时间一起过一下,毕竟这是代表我们公司出去的材料。"

小麦:"感谢感谢,我们互相配合,共同做好这项工作。"

三、练一练

当你需要别的专职配合完成你不熟悉的工作时,怎样能让他愿意出力帮助完成呢?

四、阅读延伸

作为新时代的打工人,我早在校园中就深知职场的不易,我决定在坚持个人原则的同时,要灵活应对各种挑战。

初入职场,我满怀期待,愿意投入更多的时间和精力去学习。为了与自己所学专业相符,我热衷于一线任务,尽管它们辛苦且充满挑战,但我认为这是锻炼自己的最佳途径。

然而,随着企业的快速发展和数字化转型的推进,我被调到了办公室,开始从事文职工作。起初,我觉得这相对于户外作业更为轻松,但随着时间的推移，我发现自己陷入了无尽的烦琐中。老前辈自然而然地分配给我各种任务，从工作报告到申请提交，再到公文写作，我逐渐感到力不从心。

尽管我曾立志要有骨气地拒绝不熟悉的任务，但在实际工作中，我发现自己也在不知不觉中变得唯唯诺诺。我明白，这是职场的一部分，我不能总是按照自己的意愿行事。然而，这种纠结的情绪让我倍感痛苦，我开始怀疑自己是否适合这份工作。

也是在这个过程中，我逐渐意识到沟通的重要性。在办公室，我们都是平等的同事，虽然职责不同，但彼此之间的理解和支持至关重要。我开始主动与同事交流，分享工作经验和感受。我发现，通过沟通，我可以更好地理解他们的需求和期望，也可以让他们更加了解我的工作情况和困难。

在与同事的交流中，我逐渐找到自己的定位和价值，开始主动承担更多的责任和任务，努力提高自己的工作能力和效率。同时，我学会了更加灵活地处理工作中的问题和挑战，不再过于纠结自己的喜好和兴趣。

通过沟通，我逐渐克服了职场中的困难和挑战。我明白，虽然工种不分高低贵贱，但在其位司其职是我应该做到的。即使我不能时刻从事自己热爱的事业，也应该尽力履行自己的职责和义务。只有这样，我才能在职场中不断成长和进步。

第四节　催促任务看前提

沟通在企业管理中占据举足轻重的地位，它不仅是各部门、各岗位之间高效协作的基石，更是信息流通的桥梁。作为企业经营管理的润滑剂，沟通让各项工作流程更加顺畅；作为企业组织的生命线，它维系着整个组织的生命力与活力。缺乏沟通，管理创新无从谈起，人际关系的和谐也难以维持；没有沟通，管理将如同空中楼阁，失去根基，变得呆板而迟缓。显然，卓越的沟通能力是确保团队高效运作和持续发展的核心要素。本节以供电公司营销部的一次沟通案例为背景，深入分析平级沟通在团队协作中的关键作用，以及沟通不畅可能导致的负面影响，为改善和优化企业内部沟通机制提供参考。

一、实景映画

▶ **主要人物：**

小磊：国网××县供电公司营销部年轻员工，入职2年，责任心强、容易较真。

蒋师傅：国网××县供电公司营销部统计专职，入职25年，工作繁忙，性格较固执。

某日早上8时，国网××市供电公司营销部主任收到市公司邮件，要求在当天12时前反馈一份综合报表。主任根据通知要求，组织各专职召开短会，并布置相关工作任务，数据统计汇总计划交由蒋师傅执行，蒋师傅以工作繁忙抽不出时间为由拒绝，最后统计任务由小磊牵头，其他人员配合完成。

时间来到了上午 10 时 30 分，大部分数据已完成填写，剩下两位专职未反馈数据，其中就有蒋师傅。为加快进度，小磊分别到两位的办公室提醒："蒋师傅，您好，上午要填写的数据您还没有反馈，麻烦您在 11 时 30 分之前发给我，谢谢！"

蒋师傅："不是说 12 时吗？这么着急干吗？我这还在忙别的工作，稍后会发你的。"

小磊："主任要求 12 时就反馈，我想着早点完成可以再核对一下。"

蒋师傅："不要催了，越催越慢，一会儿会给你的。"

上午 11 时 30 分，仅剩蒋师傅未反馈。小磊又来到蒋师傅的办公室，发现蒋师傅不在。小磊拨打了蒋师傅的电话："蒋师傅，数据马上要上报了，您这边再不反馈我就请示主任了！"

蒋师傅没有回答，挂断了电话，最终，小磊在 11 时 50 分收到蒋师傅的数据，来不及检查就报了上去。

第二天，营销部主任接到分管领导的电话，因昨天提交的报表数据出现低级错误而被批评。营销部立刻召开专题分析会。会上明确错误数据由蒋师傅提供，若涉及绩效考核，将由蒋师傅承担大部分责任。

蒋师傅不愿承担，说："昨天小磊一直催我，我着急，就填错数据了。而且上报前小磊也没有核对出错误，他要是把好关，也不会出错。"

小磊本来对蒋师傅的工作配合态度不满，现在又要他"背锅"，于是气愤地说："这个是你的专业数据，我要怎么核。再说，你给我时间核了吗？填个这么简单的数据还要我求着你。"

蒋师傅："简单？那以后你都自己弄去吧！"

这件事让蒋师傅和小磊闹得不愉快，在后续的工作中又引发了系列问题，特别是需要两人沟通配合的工作，在一段时间内都不顺畅，效率不高。

根据本案例，试着分析并说说自己的想法：

1. 存在的问题

_____

_____

_____

2. 沟通策略

_____

_____

_____

二、在线解读

（一）提出问题 & 解决问题

该案例反映出普遍存在于电网企业中"新员工与老员工之间"的沟通场景。案例中新员工小磊和老员工蒋师傅之间的错误沟通和矛盾冲突所造成的工作僵持、停滞是该场景中的典型事例。站在平级沟通的角度来分析，双方在沟通过程中存在以下可以处理得更妥当的地方。

1. 互相体谅，互相帮助

工作情况及时反馈，不要一味推卸责任。在本案例中，蒋师傅当时可能确实比较忙，没有及时上报数据，更没有及时向小磊讲明自身情况，而且在数据反馈时间和沟通语气上让小磊觉得他对工作不重视，而且不尊重自己。问题发生后，蒋师傅在分析问题过程中没有反省自己的错误，直接把责任推给小磊，想要逃避考核责任，导致小磊的情绪瞬间爆发。

蒋师傅应该在收到紧急工作任务后，合理安排手头工作，及时调整各项工作的优先级，可以告诉小磊自己同时有其他工作忙，让他协助自己完成工作，这样能让小磊及时了解工作进度。

2. 找准方向，直击要点

在本案例中，年轻员工小磊很有责任心，但在督促过程中，没有了解蒋师傅的工作状态和晚提交数据的具体原因，甚至以部门主任压对方，既没有让对方感受到共同参与工作的认可感，也没有让对方感受到新员工对老员工的尊重，容易让人反感。同时，小磊没有理性地对待此次沟通问题事件，试图通过吵架的方式来解决矛盾，证明问题不在自己，但是一时冲动带来的是更深的矛盾。

在工作中，自身能力很强的人往往都有自己的行事作风。当面对类似蒋师傅这样资历深、阅历丰富、性格较固执的同事时，要主动了解情况，提供帮助，并且表达出对当事人处境的理解，例如，"蒋师傅，我看了这个情况，您确实工作太繁忙，这个任务又比较着急，没有您的指导和参与我们无法按时完成，您看为了尽快解决这个问题，有没有什么我能帮您做的？"

3. 沉着冷静，人有担当

在本案例中，最后错误已经发生，此时小磊和蒋师傅出于对承担重大责任的害怕，本能地逃避责任，相互甩锅，殊不知要先尊重同事才能赢得尊重，要避免同事之间的小矛盾演变成大仇恨，最终造成无法挽回的局面。

了解基本情况后，双方应主动沟通，打开心结，先抛开问题事件，听取个人评价，客观了解自己在对方心目中的形象。学会换位思考，将心比心，点明自己在工作和沟通过程中存在的问题，相互谅解。同时，双方针对已经发生的错误，都要主动承担一定的责任，他们应将本次错误作为经验教训，在后续工作配合、沟通交流中引以为戒，避免出现其他矛盾和问题。部门内的责任机制和问题反馈机制应有效运行，确保部门成员各司其职，工作任务合理分配，部门业务高效推进。

（二）实况重构

早上 10 时 30 分，小磊主动询问："蒋师傅，上午要填写的数据您还没有反馈，请您尽快发给我，主任要求 12 时前反馈。"

蒋师傅："不是还早吗？我还在忙别的工作，稍后会给你的。"

小磊："是的，主任要求 12 时前反馈，我想早点完成可以再核对一下，麻烦您尽快提供数据。您这边是有什么困难吗？是否需要我帮助？"

蒋师傅："抱歉，我是真想抓紧给你的，但是我一直在外面忙其他工作，不在办公室，只能稍后给你。"

小磊也在忙手头的事情，无法帮蒋师傅全部完成，只能答应下来："好的，请尽快提供数据，我们要赶上上报时间。"

最终蒋师傅在 11 点 50 分提供了数据，然而时间紧急，核查是来不及了。

意料之中的事情发生了，第二天，营销部专题分析会上，主任说昨天蒋师傅提交的报表数据出现了低级错误。

蒋师傅想到了昨天确实是自己一直在忙，耽误了时间，小磊也挺配合的，想帮自己，不能是单纯谁的错，于是解释："昨天我一直在外边工作，所以着急填错了。"

小磊也知道没有审核，自己也应该承担一部分责任，于是说道："这次是我疏忽了，我们是一个团队，需要相互配合，我希望我们能够共同分析错误发生的原因，不再发生类似的问题。以后我们可以一起检查数据，互相帮助，确保报表的准确性。"

蒋师傅也同意了，说道："就是啊，这些网络上的任务，我们这些老家伙确实不太熟练，以后我会更加注意，这种事情可不好再发生了。"

小磊也认同，表示不会再发生了。

三、练一练

假设你合作的成员中有一位固执的老员工，你该如何与他沟通，让他配合你顺利完成工作？

四、阅读延伸

环境一定会影响一个人的行为处事，甚至在一定程度上彻底改变一个人。

我们办公室一直比较安静，休息的时间大家都在处理各自的事情，除非有工作的交流，否则很少聊闲话。工作效率平平，大家干完自己手上的事情就结束。我一直觉得这样也可以，减少沟通也就减少了因为沟通产生的矛盾。

直到今年办公室扩充人员，加入了好几位活泼外向的同事。办公室成员经常互换零食，也会一起点下午茶，还会讨论最近的热点新闻或八卦。这个时候，我才发现原来一起相处了一两年的同事也是很善言谈的。这种热情的氛围也渐渐影响到了工作。

平时一个简单文件可能半天就处理完了，但是现在工作时间有一部分放在了人际沟通上，效率明显低了，偶尔甚至要加一小会儿班才能完成当天的任务。虽然最后有惊无险地完成了任务，但确实打破了之前按部就班的节奏，我心里还是隐隐有些顾虑。

可是，很快我的顾虑就被打消了，单位里几次举办活动或者评选表彰，我们办公室表现很不错。平时生活、工作上如果有困难，大家也都会互相帮忙，个人的效率有时会受影响，但是总体的效能提高了。大伙情绪饱满地迎接每一天的工作。无形之中提高了领导对工作的满意度。在群体里，好的情绪宛如泡腾片入水，甜意蔓延；消极的情绪也是。

有时我总是庆幸，幸好是在这样一个团体里，但是转念一想，也是因为大家都更愿意释放善意，所以事业才能欣欣向荣。

第五部分
跨部门沟通

公平理论又称"社会比较理论",由美国心理学家约翰·斯塔希·亚当斯（John Stacy Adams）于1965年提出。该理论是研究人的动机和知觉关系的一种激励理论,认为员工的工作激励程度来源于对自己和参照对象的报酬和投入比例的主观比较感觉。亚当斯认为:职工的积极性取决于他所感受的分配上的公正程度（公平感）,而职工的公平感取决于一种社会比较或历史比较。

绝对公平,是指人们之所以希望得到报酬,是为了满足一定的需要、实现一定的目标。如果所得报酬能满足这种需要,则发挥了很好的激励作用,人们就会感到公平。否则,不能发挥激励作用,人们就会感到不公平。

期望公平,是指人们在加盟新组织或接受一项新任务（新工作）时,总有一定的预期,期望自己的投入能得到一定的产出。此时和期望中的结果比对所产生的不公感或者公平感,就是公平的期望值。

认同公平。作为组织中的个人是否感到公平,最终取决于员工对自己在这个组织中所处的位置是否认同。

值得一提的是,当职工感到不公平时,他可能千方百计进行自我安慰,如通过自我解释,主观上造成一种公平的假象,以减少心理失衡或选择另一种比较基准进行比较,以便获得主观上的公平感;还可能采取行动,改变对方或自己的收支比率,如要求把别人的报酬降下来、增加别人的劳动投入或要求给自己增加报酬、减少劳动投入等;还可能采取发牢骚、讲怪话、消极怠工、制造矛盾或弃职他就等行为。

第一节　工程加班待磨合

作为关系到国家能源安全的特大型能源企业，国网公司的主要业务涵盖了电网的发、输、变、配、用等环节。为保障电网安全运行，满足人民美好用能需求，需要公司多个职能、业务部门通力协作，但在实际生产工作中，往往因各部门定位不同、考核要求不同，跨部门协作难以开展，这就要求管理者具备一定的跨部门沟通能力与技巧。本节将通过案例分析跨部门沟通中的障碍，依据公平理论对其进行分析，并给出一定范围内可行的沟通建议。

一、实景映画

主要人物：

张工：喜爱电力专业，空闲时间基本在研究电力专业相关内容，踏实肯干。

钱工：比较佛系，认为只要做好该做的就可以了。

郑工：职场新人，对现在的工作不太熟悉，关注细节，经常重复确认工作。

某变电站计划检修期间，开展某技术改造项目，项目由张工及其团队实施，同时钱工及其团队在相同工作地点开展常规检修项目，张工及其团队与钱工及其团队分属不同公司，钱工和张工虽然工作内容不同，但工作地点相同。协商后决定，钱工担任工作负责人，钱工团队和张工团队承担不同的工作任务，同时开展任务。此外，郑工为另一工作票的负责人，其工作范围与钱工所带票的工作地点有重叠。

开工第一日，钱工及其团队按计划开展常规检修工作，张工及其团队由于郑工一方物资原因，下午4时才能开展工作，为赶进度，张工及其团队决定加班。

张工说："项目工期紧，今天计划没达成，我们晚上需要加班。"

钱工说："明天一早就要干活，今天大家都很累了，今晚就不加班了，明天再加班。"

张工说："我们也不想加班，可是项目工期紧，今天的进度完不成，影响后续进度，后续调试需多预留时间，不然可能影响设备复役，你们不加班也行，让我们干活就行。"

但是安全要求规定了开展工作时工作负责人一定要在现场，否则工作不能开展，工作许可人也不会允许工作票收工。

钱工平时就比较排斥加班，工作时间没有完成工作，却要依靠加班来补本该在工作时间内完成的工作。特别是现在，工作负责人还是自己，如果加班，自己也要在现场。

因此，他对张工抱怨："早知道就不给你们带票了，我们今天已经累了一天，兄弟们都干不动了，我们加班又没有加班费，何况我今天没打算加班，白天才抓紧时间干活，一刻也没有歇息。"

张工说："我们今天进度没完成，难道是因为我不想干吗？还不是因为郑工物资到货不及时，快下班了，他们才把新屏柜和电缆运过来，我们在这白白等了一天，晚上才能干。再说了，我们明天也一样要早起，明天可能还要加班，谁不累啊！"

郑工听了也不舒服，但毕竟是自己交工晚了，所以有点理亏，只是低声念叨:"天天把安全放在嘴边,那我也是因为谨慎才细致地干活呀,怎么能怨我。"

大家吵成一片,工作也无法继续推进。

根据本案例,试着分析并说说自己的想法:

1. 存在的问题
_____
_____
_____

2. 沟通策略
_____
_____
_____

二、在线解读

(一) 提出问题 & 解决问题

案例中不同部门没有做到默契配合,导致后续有人不满意加班这个决定,从而产生不满情绪,使得工作无法继续。站在跨部门沟通的角度,就公平理论来说,分析不同部门的三人沟通过程不顺畅的心理原因。

1. 适量投入,同等产出

在本案例中,钱工按照自己的计划完成工作,并且获得同等价值的回报,是钱工所得报酬的绝对值,因此,因为别人的工作安排不够合理而额外加班就使得钱工内心不满,从而产生抗拒心理。人下意识都是以自己的角度为出发点来思考事情的,但这种想法在工作中是不够全面的。就以钱工的想法为例,为了实现自己不加班的目标,钱工在工作时间努力工作,因此在得知还需要加班的消息时很不平衡，但是忽略了自己作为负责人的职责，以及负责人应该在工作中投入多少。

消除这种不平衡感，需要跳出自己的维度看待事情。在本案例中，郑工对工作不熟悉，但是为了之后的工作顺利进行，细致核对和反复确认就是他认为最重要的事情。而张工带着团队等一天没有抱怨，为了整体的进度主动加班。因此一旦考虑所有人的付出，就不会感到不公平，工作也会比较顺利地进行下去。

2. 团队合作，共享信息

上述案例中，张工和钱工分属不同公司，负责不同的工作内容，需要良好协作才能完成此次检修，但不同部门团队不仅没有有效共享信息，而且缺乏换位思考。钱工认为他只负责常规检修，并且已完成计划进度，不愿加班。张工由于其他原因，项目进度受到影响，要求加班。此外，张工团队、钱工团队以及郑工团队均未进行事先沟通协调。此次技术改造项目需三方共同配合完成，但他们只考虑了自己的工作计划，并未提前告知其他人，也未考虑其他人工作对自己工作的影响，使得工作计划安排不合理。由此，跨部门协作时，管理者首先需要做全面、充分的沟通，了解各方信息，再制订相应的计划与方案，注意制订计划与方案时，也要将心比心，站在对方的角度充分思考计划、方案对对方的影响。

3. 细究缘由，平衡心理

本案例中，这些矛盾发生在开工第一天，因此大家在工作安排上有分歧是很有可能的。这也提醒我们不必急于求成，找到适合一个多部门团队合作的策略才能长久稳妥地工作下去。每个人同意做事或者拒绝做事总是有原因的，只强求结果而忽略过程自然是不可取的。尽管寻求大部分人都满意的安排很耗费时间，但是万事开头难，能让不同部门的大部分人满意已经意味着一项工作成功了一半。

本案例中，当事情无法进行下去时，总要有人负责解释调和，至于是哪个人把控大局，其实不影响团队最终目的的达成。与其各自心存不满敷衍了事，不如以此为契机将事情说开，搞清楚问题出在哪里，有哪些人需要做出调整。

（二）实况重构

开工第一日，钱工及其团队按计划开展常规检修工作，张工及其团队由于郑工一方物资原因，到下午4时才能开展工作，为赶进度，张工及其团队要求加班。特别是工作要求只要工作开展就需要项目的负责人留下来。因此钱工特别不情愿，张工觉得是物资出问题才影响了进度，也不想让步。

但是事情一直卡在这儿不是个办法，总有人要先退一步做出调和。于是张工先开口了："钱工，当时安排工作负责人时，公司肯定是有原因的，你擅长统筹安排，而且能沉得住气，所以让你来当。"

钱工答道："我是不想辜负大家的信任的，但今天我为了不加班，一直在干活，没想到问题出在别的地方。身为负责人，我是有责任的。"

张工说："这是谁也不想看到的，但也是没办法避免的，郑工那边第一次接手这个活，想要细心点，确认无误再交工。开工第一天，本来就需要磨合，而且这一天下来，我也发现了，我这边施工计划有点问题，不然也不至于一整天都卡在这里。"

郑工在一旁听着其实也有点儿委屈，但毕竟是自己干活慢耽误了时间，也不好说什么，不过随着项目进行，自己很快就能掌握工作要领，到时候工作效率自然会提高。

钱工其实心里也觉得不公平，但是转念一想，大家干的活都是一样的，更何况自己加班也是主要以监督工作为主，说累其实比不上张工，况且这也在自己责任范围内，留下来是应该的。

最后大家合计了一下，钱工身为工作负责人，需要保证每一位工作班成员的安全，主动留下来监督张工团队施工，张工重新调整后续施工计划。

巧的是，不久之后，在后续工作中发现，钱工团队常规检修项目中有两项工作内容受改造项目影响需要调整，由于大家配合良好也为钱工的工作预留了时间。最终检修工作如期完成，设备成功复役。

三、练一练

一个项目需要组建一支来自不同部门的团队协同工作，你作为这个团队的负责人，该如何调整，使得这些极具个人风格但是工作能力极强的人相互配合，协同工作。

四、阅读延伸

在变电站 A 的一次检修工作尾声，检修团队负责人与我所在的运行班组进行了沟通。当时，正值下午 4 时，检修工作即将完成，负责人打来电话，希望我们能尽快到站办理工作终结手续。我们运行班组迅速回应，表示正在进行交接班，需要延迟出发。检修团队负责人对此表示理解，并愿意等待。

待我们运行班组完成交接班，已是下午 4 时 30 分。考虑到新办公点到变电站 A 的通勤时间较之前有所增加（从 15 分钟增至 45 分钟），我们立即出发。然而，检修团队负责人并不了解我们办公地点的变动，他们可能不会长时间等待。

在前往变电站 A 的路上，我们又遇上了晚高峰的堵车。尽管我们全力以赴，希望尽快到达，但交通状况还是导致我们迟到了近 1 个小时。当我们在 5 时 30 分到达变电站 A 时，检修团队成员的情绪十分激动，他们因等待时间过长而愤怒，同时还担心晚餐问题。

我们运行班组也深感委屈，因为我们交接班结束就立即出发，没有任何拖延。我们同样错过了晚餐，还要面对检修团队的责备。在这个过程中，我们深刻体会到跨部门沟通的重要性。如果我们之前能更明确地沟通办公地点的变动和预计的通勤时间，或许就能避免这次的误会。这也提醒我们，在未来的工作中，要加强与各个团队的沟通，确保信息的及时、准确传递。

第二节　调控冲突寻办法

为了实现工作的精准定位，我们通常会采用层层下发的工作内容分配方式，这种方式确保了工作的严密性和高效性。然而，这种方式的局限性在于，如果上层对一线情况了解不足，可能给工作执行人员带来障碍，影响任务的顺利执行。在跨部门协调的过程中，容易发生因信息不畅或理解偏差而产生矛盾的情况。本节就以调度命令与实际工作有分歧为例，依据公平理论对其进行分析，并给出一定范围内可行的沟通建议。

一、实景映画

▶ **主要人物：**

小沈：检修工区计划员，工作按部就班，随机应变能力不是很强。
小金：检修人员，工作按部就班，入职年限短。
雯姐：工作多年，有很丰富的一线经验。

某天，小沈突然接到一名工区负责人的电话。电话中，负责人说他们这里有紧急情况，需要变电站检修人员立刻解决。然而今天的工作已经开始了，他看了一下计划表，发现只能请最近的检修站派人。

小沈立即行动起来，他拿起电话，通知就近变电站的检修工作负责人，说："我是×××。现在 A 站出现了紧急缺陷，需要你们派人消缺，希望你们快一点，最好下午 6 时前能弄好。"

电话那头传来了小金的回应："6 时？肯定不行，我们现在在 B 站，这里也有工作，要做完了才能去 A 站。"

小沈："那你们先去 A 站处理，弄完了再回来在 B 站接着干。"

小金："这怎么行，B 站的工作我都干得差不多了，现在去 A 站我们一会儿再回来都几点了啊？你们这是怎么安排的，没别人了吗？"

小沈："活儿来得急啊，而且就你们挨得最近！"

小金："那这个是你们的事情吧，你们派活儿的时候不看计划表吗？我们去不了！你们协调吧。"随即挂断了电话。

根据本案例，试着分析并说说自己的想法：

1. 存在的问题

___

___

___

2. 沟通策略

___

___

___

二、在线解读

（一）提出问题 & 解决问题

该案例给出了一线员工与计划人员的沟通场景，案例中的小沈面临突发任务时，只想着死板地下达命令，不懂变通，使现场人员拒绝超额执行任务。站在跨部门沟通的角度，就公平理论来说，细致分析小金最初不愿意接受安排的心理原因，并且之后由雯姐对小沈沟通的不足进行弥补。

1. 讲明需求，问清诉求

小沈在沟通时没有讲明事情的原因，也没有考虑现场人员在工作中的实际困难，导致现场人员接到任务时表现出为难和抗拒的情绪。小沈沟通时没有说明事情的起因，直接要求别人怎么做，容易引起对方的反感。同时，变电站人员起初也没有从供电所的角度去考虑问题，他们可能认为只需完成自己的任务即可，没有意识到在突发情况下，相互协助的重要性。小沈应该向变电站检修人员清晰阐述事情的原因，分析其中的利害得失，使得检修人员认识到准时到达 A 站的必要性和合理性。

2. 审时度势，共同商议

在跨部门沟通中，无论是上级传达的命令，还是同级之间的协作，确保沟通对象充分理解任务内容至关重要。同时，为了让任务得到认真执行，我们还需要巧妙运用沟通技巧，劝说对方欣然接受提议。在本案例中，小沈作为安排任务的桥梁，有责任和义务清晰阐述任务要求，并主动询问对方是否有不解之处。若对方表示难以同时兼顾，小沈应进一步询问背后的原因，并提供一些可行的解决方案。

3. 降低预期，转换思路

当人们加入新组织或接受新任务时，通常会抱有特定的期望，即自己的投入能够带来相应的回报。实际上，影响人们公平感的关键因素往往是期望值的大小，而不仅是与他人比较得出的相对值。以小金为例，他原本预计一天内只需完成 B 站的任务，然而，却突然被要求在相同时间内完成两项任务。这种与预期不符的工作量使他感到不满，并缺乏思考其他合理安排的意愿。

在日常工作中，为了避免因工作变动而产生的内心不平衡感，我们应该学会为工作安排"预留空间"，并主动降低对工作的期望。这样做能够在很大程度上减轻因工作变动带来的不适和压力。

（二）实况重构

某天，小沈突然接到工区负责人的紧急电话，电话中传达了 A 站发生的紧急情况，需要变电站检修人员立即支援。然而，考虑到当天的工作计划已经启动，小沈意识到只能调动最近的检修站人员前往，但这样的安排与变电站原本的工作计划产生了冲突。面对这一棘手的沟通问题，小沈感到有些为难，于是决定寻求雯姐的帮助。

雯姐接过电话，沉稳而自信地与小金沟通："小金，你好，我是×××。A 站现在面临一个紧急情况，急需你们的紧急支援。"

小金在电话那头显得有些为难："雯姐，我知道情况紧急，但 B 站的任务即将完成，我们得按计划行事。"

雯姐听后，并未直接反驳，而是展现出了她的沟通智慧："小金，我完全理解你们的难处。但请考虑一下，B 站的工作即将完成，能否暂时调配一些空闲人员先到 A 站支援？这样，B 站的工作完成后，你们就可以迅速前往 A 站与同事汇合，两边的工作都能得到及时处理。"

小金听后，恍然大悟："对啊，雯姐，您这么一说我就明白了。我们确实可以灵活调整工作计划，这样既能解决 A 站的紧急情况，又不耽误 B 站的工作。我这就去安排。"

通过雯姐的巧妙沟通，小金不仅理解了情况的紧急性，还主动提出解决方案，原本的棘手问题得到圆满解决。

三、练一练

为了提前完成某项工作，给验收整改留出时间，单位准备将某生产部门原本正常假期改为调休，你作为管理部门专职，应该如何沟通安排，才能缓解员工对此产生的落差感？

四、阅读延伸

在一个雨夜，A 线发生跳闸故障，这一紧急情况迅速在各部门间传开。抢修班接到了前往现场处理的通知，但由于时间紧迫，他们未能进行详尽的线路巡查，也未收集到确切的疑似故障点信息。

此时，当值调度员与运检部专职之间，就如何快速有效地查找故障点展开了深入的讨论。调度员从安全角度出发，提出了分段试送的建议，认为首先拉开分支线开关可以减少变电所及线路设备因短路而受到的冲击，同时也能降低用户因频繁停电而可能产生的投诉风险。

运检部专职结合该线路的历史故障数据和线路所在地区的配变数量等因

素，提出了不同的看法。他认为支线故障的概率相对较低，因此建议与正线一同试送，这样可以最大程度地缩短停电时间，减少停电对用户的影响，同时也符合节省时户数指标的考量。

两位专业人员在平等沟通的基础上，各自提出了自己的专业见解和理由。运检部专职强调直接试送成功的可能性，并希望调度能够直接执行正线试送；调度员则坚持在未经巡线确认无故障点的情况下，雨天试送存在风险，反复试送可能损害变电所设备及线路设备状态，并可能影响频繁停电指标。

作为抢修人员的我，虽然身处现场，但更多的是扮演执行者的角色。我耐心等待双方讨论的结果，准备按照最终方案执行。至于等待的时间长短，或是否会被雨淋湿，对我来说，都是次要的问题，关键是要确保整个抢修过程的安全和高效。最终，当双方达成一致后，我迅速按照调度命令执行，确保抢修工作的顺利进行。

第三节　部门不同议共性

跨部门协作的核心在于相互之间的认同与理解，然而由于思维定式，人们往往首先关注自身需求和所在团队的利益。本案例中，在跨部门合作过程中，有人因过度重视小集体利益，而对组建新工作单元产生抵触情绪，难以在新环境中找到归属感，从而抗拒新分配的任务。基于这一案例，本节将着重从大集体背景下的身份认同这一角度出发，深入分析应对之策。

一、实景映画

主要人物：

王某：不善言谈，比较关注本职工作，没有协调过跨部门的问题。

肖某：检修班班长，与成员相处很好，很注重自己班组内的团结，因此班组整体氛围有些排外。

王某是输电运检中心的电缆专职，负责电缆检修运维管理工作。一直以来，他都尽心尽力地工作。然而，最近他遇到了一个棘手的问题。

某个变电站内，高压电缆在线监测装置电源模块出现了异响。经过现场研判，现场运检人员认为这只是一个不影响运行的小缺陷，可以带电拆除。然而，这个想法却引发了另一个问题。电缆检修班组是另一个 H 部门下的班组，输电运检中心只有运行人员，没有检修人员。由于工作票制度的规定，运行人员不能在带电的情况下进行拆除工作。因此这个工作任务需要两个班组相互配合。

王某找到肖某说："肖班长，你派一些电缆检修班的人来做个带电拆除的工作吧，问题不大的，是个小缺陷。"

肖某听了以后觉得十分不靠谱，而且没头没尾的，所以以电缆带电、负荷电流较大等理由拒绝了这个任务。

之后王某也给肖某看过厂家出具的可以带电拆除的证明，两个部门仍然无法达成一致。

王某觉得这本来就是需要双方配合才能解决的事情，但是肖某的直接拒绝导致任务无法进行，王某心里不高兴，但一时间也不知道怎么解决才好，只能给领导打电话："领导，他们检修班不配合咱们，那该怎么进行下去啊。"

根据本案例，试着分析并说说自己的想法：

1. 存在的问题

_____

_____

_____

2. 沟通策略

_____

_____

_____

二、在线解读

（一）提出问题 & 解决问题

该案例涉及跨部门配合沟通不畅的常见场景。案例中，最初王某只顾仓促达成自己的目的，却忽略了"局外人"H部门的考虑。站在跨部门沟通的角度，就公平理论来说，分析肖某的顾虑，并给出处理类似问题时，如何加强不同部门对于同一件事情的情感统一性的建议。

1. 完善机制，公平透明

在上述案例中，消缺工作因需与多部门沟通而效率低下。究其原因：一是缺乏垂直化管理，王某对相关班组无直接管理权；二是缺乏正式跨部门沟通流程。在日常工作中，跨部门协作必不可少，但非职责范围内的新任务，往往耗费大量时间沟通协调，严重影响工作效率。

为改善此状况，建议组织优化管理机制，明确各岗位和部门的职责范围。岗位和部门说明书的制定将使职责更加清晰透明，有助于各部门明确自身定位，同时增强员工的责任感和使命感。

2. 积极沟通，柔性办公

跨部门合作往往具有非临时性，沟通的关键在于确保各方对长期合作的投入。因此，在项目初期应积极沟通，明确目标、分工等关键要素。对于需长期投入的任务，可组建柔性团队或专班等临时组织，帮助成员在新团队中找到归属感。

3. 加强归属，统一目标

案例中，肖某作为电缆检修班班长，虽关心内部成员和部门利益，但缺乏大局观。因此，王某沟通时应该充分考虑肖某的顾虑，强调是合作而非单纯的任务分配。这种合作不仅限于短期，而要基于共同目标的长期合作。像肖某这样注重团队氛围的人，很快就会明白合作的重要性，认识到彼此之间的依存关系，从而更加积极地参与工作，共同为惠民利民的目标努力。

（二）实况重构

王某是输电运检中心的电缆专职，负责电缆检修运维管理工作。最近，某个变电站内的高压电缆在线监测装置电源模块出现了异响。现场运检人员研判后认为这个异响是不影响电缆运行的小缺陷。因此，他们想要先带电拆除这个电源模块。

然而，因为工作票的问题，王某让电缆检修班组配合工作时，却遇到了问题。检修班班长肖某以电缆带电且负荷电流较大，拆除时可能不安全为由拒绝了王某的请求。

然而电缆运行的小缺陷对变电站运行还是有隐患的，虽然王某与肖某在这个问题上没有达成一致，但消缺工作是一定要做的。因此他们各自向部门领导汇报。

经过部门领导商讨，两个部门决定组织一场讨论会。会议伊始，王某率先明确双方的共同目标和各自的具体职责，他清楚地阐述："我们的输电运检中心，其核心职责是确保电力系统的稳定运行，H部门则专注于作业安全。关于这一点，我相信在座的各位都已明确了解，我们的目标是一致的，职责也是相辅相成的。"

肖某回答道："确实，我完全同意。但即使再微小的带电工作，一旦出现差错，后果都是无法挽回的，而且，这原本就不是我们部门独自承担的任务。因此，我不能让我的团队去承担这种潜在的高风险。"

王某敏锐地捕捉到了肖某的顾虑，解释道："你说得对，安全始终是我们工作的首要原则。所以，我已经准备了厂家出具的拆除证明，从合法合规的角度来看，这应该没有疑问了吧？"

肖某点头表示认同，王某继续说道："我第一次与你沟通时，只关注了解决问题本身，却忽视了我们两个部门的独特属性。回去深思后，我意识到从你的角度思考问题，产生的顾虑是完全可以理解的。尽管我们工作内容有所不同，但工作的最终目标是一致的。"

肖某听后，明白了相互理解的重要性。深入讨论，他们逐渐认识到彼此的担忧和顾虑，开始积极探讨解决方案。

最终，双方达成共识。拆除电源模块时，肖某的班组将提供必要的技术支持和安全保障，王某将负责监督整个作业过程的安全性。同时，他们还商定今后类似问题的处理方式，以确保类似情况不再发生。

这次沟通交流会圆满解决了两个部门之间的误解和分歧。他们开始积极合作，共同确保系统的稳定运行和作业安全。这次经历也让王某深刻体会到沟通交流在解决工作问题中的关键作用。只有双方都能真正理解和认同对方的需求，才能达成共识，共同完成任务、实现目标。

三、练一练

为了解决一个需要多部门配合的问题，公司从各部门抽调了一些人，你作为这个团队负责人，该如何加强他们对于新团队的归属感呢？

四、阅读延伸

为了更好地满足公司的发展需求，国网及省市公司针对重点任务，从各省市或各部门抽调人员，组建专项（柔性）团队，确保在限定时间内高效完成目标。我和甲是来自不同部门的技能人员，虽然之前对这项工作有所涉猎但并非专家，仍被直接指派并快速投入工作。由于我们在任务执行上存在不同思路，持续讨论导致任务进展缓慢。

随后，省公司统一了团队工作机制，重新分配了任务，并定期组织集中讨论问题。这使得我们团队的工作逐渐步入正轨，有序推进，最终按时完成。

任务完成后，我深入分析了任务过程中出现的停滞原因。

首先，我和甲来自不同的工作单位，有着不同的工作背景和经验，对专项工作自然会有不同的理解和思考。我们处理问题时过于坚持己见，缺乏及时的沟通，导致没有找到新的解决策略。

其次，临时团队成员的技能水平参差不齐，部分单位派出的人员可能并不完全适合该任务，这也对整体工作进度造成一定影响。

最后，团队内部可能存在的竞争关系及绩效导向的工作环境，使得成员做出决策时需要考虑更多组织层面的因素，影响了工作进展。

反思这次经历，我意识到，如果我和甲能够频繁地沟通、交流，并尝试从对方的角度思考问题，或许就能避免任务停滞的困境。作为团队的一员，我们应该以大局为重，加强沟通与协作，高质量地完成工作任务。

第四节　高温政策互谅解

"比较"一直存在于人与人相处的过程中，特别是在工作场合，与他人比较、与个人期望比较、与前面的经验比较等。跨部门协作时，免不了比较投入工作与产出报酬的比例，一旦失衡就会产生不公平感。为了缓解自己的不公平感，在工作场合里，就表现为抗拒、不配合，以此抒发自己的不满。本节案例围绕人因潜意识里的不公平感而产生的矛盾来分析。

一、实景映画

主要人物：

陈某：年轻气盛，沉不住气，第一次承担班组带电工作的负责人职责，对工作的进展和完成度抱有较高的期望和急切的心情。

方队：车队老大哥，为人热心，讲话直接。

李班长：处事圆滑，较为体谅下属。

因为近期持续高温，迎峰度夏的形势越发严峻，带电作业一线班组生产压力相当大。7月中旬，上级下发了避高温的文件，要求中午12时到下午3时间最好不要进行生产作业。

为了确保生产任务能按时完成，班组将带电作业的计划时间改为早上6时

30 分。班组成员积极配合，但是这把工作负责人难住了，因为这意味着两名驾驶员也需要跟着班组早起作业。因此陈某（工作负责人）给方队（车队长）打去电话。

陈某："方队，下周一早上的带电作业需要 6 时出发，叫你们驾驶员也 6 时到达工区。"

方队："6 时？那不是意味着要 5 时起床，都是有家庭的啊！我们到不了的，最早 7 时 30 分。你等等啊，我开车呢，先挂了。"

任务下达比较紧急，陈某被挂电话之后也很着急，但是几次拨打电话都无人接听，直到中午电话才接通。

于是陈某语气有些着急："这是上级的要求，又不是我要求你，再说了我们工作人员也很辛苦的，你不能理解一下吗？"其实谁也不想早起，但为了保质保量地完成工作，也只能早起了。

方队接着说："不管谁，我们驾驶员就这么点工资，早起晚归的，这合理吗？我们最早 7 时 30 分！"

于是陈某说："那到时候上级追问下来，耽误了活儿，你负责吗？"电话只能草草挂断。

根据本案例，试着分析并说说自己的想法：

1. 存在的问题

_____

_____

2. 沟通策略

_____

_____

二、在线解读

（一）提出问题 & 解决问题

该案例给出了不同工种之间对于分工不满的常见场景。案例中的陈某强硬处理事情的态度，导致问题最终没有得到解决。站在跨部门沟通的角度，就公平理论来说，本节分析方队面对工作变动时的反应，同时也对陈某的沟通策略做出指正，给出一定建议。

1. 调整思考，积极沟通

陈某沟通时常常直截了当，使用命令式的语气去安排任务，这往往导致他得到的反馈是消极且被动的。他没有从他人的角度出发进行沟通，没有深入理解驾驶员所面临的困难，而是将自己的要求单方面强加给他们。从方队的角度分析，他在未全面了解事情的情况下，轻易否定了某些事情的可行性。为了改善这种状况，陈某应该更加积极地与方队沟通，明确解释事情的原因和背景，增加彼此之间的理解和信任。他还需要学会站在他人的立场上思考问题，多一分理解和配合，这样不仅能使工作沟通协作更加顺利，还能提升团队的凝聚力。

2. 改善制度，满足需求

薪资的分配从宏观上来讲要考虑到各个工种之间的价值，这是极其复杂的事情，并不能单纯依据付出时间长短来制定。但是对薪资微薄的员工来说，其与同个工作场景中的同事难免做比较，这种比较可能不是全面的比较，即使心里明白其中的复杂性，但由于情感因素也不情愿完全接受。

就本案例来说，方队在整个车队里是说得上话的负责人，然而在整个供电部门，他只是一名司机，在方队对自己职业不够满意的状态下，很容易将所谓的身份待遇视作不公平对待。那么，沟通者要做的就是肯定方队的付出，帮助方队转换思路，从不同方面找到平衡，如早上班就可以早下班等，在力所能及的范围内，为其争取一定的条件。

3. 集体价值，增强凝聚

随着社会的不断进步，人们在满足基本生活需求后，开始追求更高的情绪价值。特别是在集体环境中，归属感的满足对员工来说至关重要，有时甚至成为他们工作中的不平衡感的心理慰藉。因此，要增强集体中大家对工作的认同感，并在集体中为他们找到合适的位置。

在本案例中，陈某过于强调个人工作的重要性，忽视了方队在整个工作中的价值。这种做法不仅未能增强团队的凝聚力，反而激发了方队的"攀比"心理。这种攀比多基于薪资待遇，工作性质和工作价值的差异却被忽略了。为了避免这种潜在的矛盾升级，陈某应当淡化表面的不平衡感，引导方队从全局出发，理解每个岗位的重要性和价值。同时，他还需要让方队团队成员感受到自己的重要性和贡献，这样能够增强团队的凝聚力和向心力。

（二）实况重构

因为近期持续高温，迎峰度夏的形势越发严峻，带电作业一线班组生产压力相当大。7月中旬，上级下发了避高温的文件，要求中午12时到下午3时间最好不要进行生产作业。

为了确保生产任务按时完成，班组将带电作业的计划时间改为早上的6时30分。这意味着两名驾驶员需要跟着班组早起作业。陈某在沟通中与方队产生了一定的矛盾，李班长了解情况后，给方队打了电话。

李班长："方队，刚刚小陈给你打电话了，事情是这样，因为最近白天温度持续高温，班组兄弟高温作业确实是有危险的。所以领导开会临时决定提早工作，想避开高温这一点，方队你也是理解的吧。"

方队的火气降下来了，说道："李班长，高温天气我是理解的，如果我们驾驶员每天6时到单位，他们需要5时多起床，大家也都是有家庭要兼顾的，我作为他们的队长，也要替他们考虑的。"

李班长说："我特别理解你方队，早起作业也主要是在迎峰度夏期间，后面等温度下来，这种方式也会取消的。这期间咱们就早点作业早点回家。"接着又给出了解决方法，"我也在努力跟上级争取给车队的补贴了，最起码得让兄弟们舒心些。"

方队叹了口气："我知道高温天气带电工作的危险性，我也明白我们驾驶员既然做这一行，是有义务配合班组的。谢谢李班长的理解，以后我们多配合、多沟通。"

在方队的沟通下，驾驶员全员配合早起作业，在迎峰度夏期间，班组顺利地完成了任务。

三、练一练

在个人利益与集体利益有冲突时，如何安抚员工的不平衡心理？

四、阅读延伸

周末，一个偏远的变电站突发故障，急需处理。作为运行人员，我得知情况后迅速赶往现场评估。经过初步检查，我意识到需要检修班的协助。我立即联系了检修班班长，请求他安排人员前来，同时表示我会留在现场等待。

考虑到周末检修人员可能需要从家中出发，并且当时也接近运行人员的交接班时间，我决定先返回中心站进行交接。然而，就在我即将到达中心站时，检修班班员打来电话说已到达变电站。

面对这一突发情况，我迅速做出决策，决定先回到中心站，让另一组人去处理现场问题，并告知检修班班员在变电站等待 1 小时。在等待期间，检修班班长多次与我及运维班班长沟通，表达了对等待时间的不满。

检修班班长认为他曾经说过"叫你在现场等一下"，我则认为他没有具体说明情况。此外，在平时的工作中，检修班班长也会经常使用"等一下""马上就好"等词让我们等待较长时间，因此我决定先回去交班，不在现场干等。

161

但是他对这次的特殊情况没有进一步解释，单凭说"在现场等一下"就要求我一直等，这未免有些不合理。我理解他的立场，但也说明了自己的考虑。我们之间的对话逐渐从情绪化的表达转向了实际问题的探讨。

事后，我了解到检修班班员的家就在变电站附近，因此他比预期更早到达。然而，由于检修班班长在之前的沟通中并未提及这一点，导致我们之间出现了误解。我意识到，在跨部门沟通中，清晰、具体的信息传递至关重要。

通过这次事件，我深刻反思了我们在沟通上存在的问题。作为不同部门的同事，我们需要更加主动地询问、告知和确认信息，避免因信息不畅或误解导致工作延误或者出现矛盾。同时，我们也需要增强部门之间的信任感，提高协作效率。

为了改进未来的沟通，我提出了以下建议：首先，我们需要建立更加明确的信息传递机制，确保每个环节都能得到准确、及时的信息；其次，我们要加强部门之间的交流和合作，增进彼此间的了解和信任；最后，我们要鼓励大家主动沟通、积极反馈，共同推动工作的顺利进行。

第六部分
对外沟通

参照群体理论，作为符号互动论的一个重要衍化理论，主张从人们日常互动的自然环境中研究人类群体生活。它认为，个体会基于利益诉求、群体压力、个人偏好等因素形成自身的参照群体，而这些参照群体的目标和规范会进一步影响个人的行为模式。

个人偏好：个体不是完全顺应集体规范生活的，虽然生活在集体中，但是仍然保留个人特质，这些个人偏好的养成，往往又受成长历程中的种种影响，作为潜藏在人们内心的一种情感和倾向，在需要快速做出决定的时候，个人偏好在潜意识中影响人的知觉，起直接作用。

利益诉求：社会强调身处群体的个体要以群体利益为主。个体在这种社会氛围下，也更适应于遵从群体利益的诉求，因此在个人利益和群体利益发生冲突时，特别是个人利益损失不严重时，个体会选择满足集体的利益诉求，如追求集体利益最大化、保护群体利益等。

群体压力：是个体在特定社会群体中感受到的一种心理和社会影响，这种影响促使个体在态度、行为或信仰上与群体保持一致。群体压力可以来自正式或非正式的社会群体，如家庭、朋友、同事、社会团体等。群体压力通常表现为两种形式：信息性影响和规范性影响。信息性影响是个体因为信任群体成员的信息和判断而采纳群体的观点或行为。在不确定或信息不足的情况下，个体会倾向于依赖群体的智慧和经验来做出决策。规范性影响则更多地涉及个体对群体规范和期望的遵从。当个体感受到群体的期望或规范时，他们可能调整自己的行为以符合这些期望，避免受到群体的排斥或惩罚。群体压力对个人行为的影响可以是积极的，也可以是消极的。

第一节　土地纠纷看合同

电网企业，身为国有企业的中坚力量，始终秉持"人民电业为人民"的宗旨。然而，对于身处一线、直面客户的员工来说，他们在现场工作中难免会遇到一些客户的过分要求。为了更具体地探讨这一问题并寻找有效的解决方案，本节将聚焦于征用土地过程中可能出现的纠纷并以此为案例，深入剖析其中的情景和挑战，并对如何协调企业与客户的关系给出一定建议。

一、实景映画

主要人物：

小李：公司建设部管理专职，工作经验丰富，为人直爽。

小王：区供电所生产班组人员，入职年限短，为人耿直易冲动。

张大妈：固执己见，情绪易激动。

因某变电站扩建需征用附近土地。一年前，市供电公司建设部的小李就开始进行征用土地的前期处理工作。提交政府配套项目资料、联合现场核查、缴纳征地费用后，该片土地已依法合规转为建设用地，产权归属供电公司。半年后项目进入现场施工阶段。

正式开工之前，小李根据工程建设计划安排，与小王一起来到该变电站，进行土建的准备工作。到达现场后，小李和小王拿出图纸，一边对照图纸，一边讨论工作安排。小李和小王默认这块土地归属供电公司，没有注意脚下踩到的绿植。

这时张大妈突然出现拦住了他们，并斥责他们："快停下来，你们没长眼睛啊！你看看，你们把我田里的青菜都踩坏了。今天你们不赔钱就别想走了。"

小李和小王被吓了一跳，低头看了看脚下，确实有好几颗青菜被踩坏了。这个项目投产时间定在年底，建设周期短，项目推进很慢，小李本来心情烦躁，被张大妈一吼火气也上来了。小李没好气地说："谁说这块地是你的？我们早就向政府拿来了，你没经过我们的允许就在上面种菜，我们还没找你呢！"

张大妈不依不饶地说："这个地是你们的，可是你们征收了也和原来一样，一直空着没用。这些菜是我辛辛苦苦种的，要去市场上卖的。你们把我菜踩坏了，难道不用赔钱吗？再说当初给的补偿金才多少呀，谁知道你们是不是合起伙来蒙我的，我才不相信呢！我今天就看见你俩把我的菜踩坏了，你们赶紧赔偿我的菜。"

小王听到这话气不打一处来，说道："大妈，你这不是耍无赖嘛，地已经是我们的了，你就不能在这里种地的呀，不要影响我们工作好不好。"

张大妈喊叫："谁要无赖了，村里之前就说了赔偿这块地，地上种的东西没赔过，那你看见了，现在这块地上种了这么些青菜，你们不赔不行。小伙子年纪轻轻的，我看你们才是耍无赖。你们今天要是不给钱，就别想在这里干活！"

小李听了也气不打一处来，大声说："大妈，我们向政府办手续时，那时候你地里种的不是青菜，是园林的绿化树吧，那时候全部按照国家标准都给你赔过了。我们手续都办完了，你又偷着在这上面种菜，你说到底是谁无理取闹！"

小王怒气冲冲地说："大妈，这可是我们的地，你要再不走，那我可要打110叫警察了。"

张大妈一听小王要叫警察,往地上一坐:"好啊,你们小伙子欺负人,还叫警察来吓唬我,你去叫,你去叫,我看你敢不敢叫!你们两个年轻人欺负我一个老太太,到时候叫警察过来评评理!"

小李和小王没想到张大妈情绪会这么激动,明明自己都依法合规地办好手续准备施工了,没想到出现意外,双方未进行妥善沟通,施工被耽搁了下来,事态发展眼看也要激化。

根据本案例,试着分析并说说自己的想法:

1. 存在的问题

_____
_____
_____

2. 沟通策略

_____
_____
_____

二、在线解读

(一)提出问题 & 解决问题

该案例反映了工程实施过程中,部分法律意识淡薄且追求私利的群众如何以不当方式干扰工程进度。本节以典型案例形式展现了这种情形,从对外沟通的角度出发,当个人偏好影响到沟通效果时,建议小李和小王应当采取以下策略来应对。

1. 保持中立，明确职责

明确政企双方的工作流程及工作界面。该案例中，小李按照政府的要求办理了前期的各种手续，按国家标准缴纳了征地费用，整个流程依法合规。项目经理，除了按照公司管理要求完成各项工作外，还应积极与地方政府加强联系，加强信息的收集，多了解政府层面如何开展工作，多掌握政府工作的时间节点，协调各方尽快推进工作进程。

遇到纠纷时，项目经理要第一时间判断责任归属方，尽最大力量争取己方的权益，并协助做好配合工作。所以，在本案例中，小李、小王熟悉前期工作的各个环节，知悉区政府的工作方式，如征地赔付、公开公示等，冲突发生的第一时间就对张大妈做出了解释说明，展现了业务能力较强的一面，维护了供电公司的合法权利。

2. 收敛锋芒，集体为先

本案例中的小王、小李知悉责任在张大妈一方，但是采用简单粗暴的沟通方式，甚至演变成言语威胁，造成矛盾升级，当天工作停滞，影响整个工程的进展。一线工作经常会遇见一些急、难、险、重和突发情况。这时，工作人员应该冷静面对，快速分析责任归属。

属于己方责任的，应正面积极沟通解决，提出切实有效的解决方案，争取客户的理解。属于对方责任的，应安抚客户的情绪，耐心向对方解释前因后果，确有必要的，可以向客户提供外围帮助，协助客户解决问题，加快推进工作进程。所以，小李和小王应该冷静面对张大妈的无理取闹，不卑不亢地讲清供电公司是依法合规地开展工作，合理有序地解决问题。

3. 聚焦问题，解决问题

该案例中，小李和小王因为项目工期紧、任务重，为了尽快推进工程进度不免有些急躁。面对突发事件时，没有冷静分析冲突的原因在哪里，只是一味纠缠责任不在自己，导致各说各话，双方互不听取对方意见，属于无效沟通。工作过程中遇见困难时，应首先分析问题发生的原因。即因为什么，经过什么变化后导致了现在的矛盾。

准确分析出矛盾点，有针对性地解决问题。所以，小李和小王应意识到张大妈是对补偿金额不满，有理有据地说明供电公司是按照国家标准缴纳，已在半年前办好缴款手续，同时知悉区政府也按期进行了公示，不存在任何隐瞒、降低赔付标准的事情。

（二）实况重构

某变电站扩建需征用附近土地，在完成一系列依法合规的流程手续以后，项目进入现场施工阶段。正式开工之前，小李根据工程建设计划安排，与小王一起来到该变电站选址，进行土建的准备工作。小李和小王默认这块土地归属供电公司，没有注意脚下踩到的绿植。

这时张大妈突然出现拦住了他们，并斥责他们："快停下来，你们没长眼睛啊！你看看，你们把我田里的青菜都踩坏了。今天你们不赔钱就别想走了。"

小王和小李被突然出现的张大妈吓了一跳，这才回过神来看看脚下踩到的绿植，发现确实是青菜，并且还踩坏了几棵。不过小李意识到这块土地已经归属供电公司，马上稳住情绪回答："大妈，你误会了吧，这块地半年前我们就向政府办好手续了，现在属于我们供电公司了。我们公司的地上怎么还有你的菜种着呀？"

张大妈不依不饶地说："这个地是你们的，可是你们征收了也和原来一样，一直空着没用。这些菜是我辛辛苦苦种的，要去市场上卖的。你们把我菜踩坏了，难道不用赔钱吗？再说当初给的补偿金才多少呀，谁知道你们是不是合起伙来蒙我的，我才不相信呢！我今天就看见你俩把我的菜踩坏了，你们赶紧赔偿我的菜。"

小王看大妈情绪激动，马上接过话来说："大妈，刚才听你说你也知道这块地现在是我们的了。我们可是向区政府依法合规办的手续。这块地面积有多大，按照国家要求一亩要折算多少钱，包括当时地上面种的东西，村里都是和你们沟通过的。您同意了，区政府手续才办得下去呀！最终我们要缴纳多少钱，我们都是按照政府要求办理的。您放心，我们不会乱来的。而且，办手续的时候，区政府不是还在你们村里公示了很长时间嘛，您应该也去看了吧。"

看着张大妈默不作声，小李耐心地说："大妈，我们这两天马上要开始开工建设了。这不，今天我俩就是来打前站的，这不正拿着图纸看场地呢，就遇见您。这些菜您种下来也辛苦的，这两天您抓紧卖掉。×××号之前要是还有剩的，我自己掏钱买了，算是给我们施工兄弟们中午加个菜。"

张大妈一听两人这么诚恳地和她谈，顿时也觉得不好意思，连忙摆摆手说："哎呀，这么点东西，送你们也可以的。就是前几天在村里，邻居说上次赔付的钱肯定少了，我肯定被你们电业局的人骗了，我心里越想越生气，就过来种上菜了。现在回过头来想想，当时村主任来找我，确实是拿着国家标准给我看过的，村里也贴出来公示的。刚才都是误会，你们别往心里去啊！来来来，这都是我自己种的，没打药，你们拔几棵带回家去吃。"

在小王、小李的耐心沟通下，一场危机就此化解，项目顺利推进并按期投产。

三、练一练

面对客户的无理诉求，你该用什么样的态度去处理应对？

四、阅读延伸

去年夏季台风来临前，单位派我们开展防台风特巡。我们已经尽力避免电力设备损坏造成停电风险了，但是总有一些特殊情况，让任务陷入困境。

那天，我们沿着某条高压线路巡视，这条线路穿过某自然村。巡查到某一基铁塔时，临近王大伯的房屋外，看到他给屋顶新围了一些黑色的网布。我们原以为网布是为房屋遮阴避雨设置的，但考虑到台风天气大风大雨的强破坏性，黑色网布很有可能被吹散，飘落到附近的高压铁塔上导致故障停电，于是我们劝说王大伯进行拆除："王大伯，台风马上要来了，你家这个黑色网布很容易被吹到旁边的电线杆上。到时候这一片就要停电了。您说这大风大雨的天气，家里没有电可怎么办啊，辛苦您尽快把它撤下来吧。"

不料，听了我们的话，王大伯态度强硬地回复："我孙子上学回来说了，这个电它有辐射。你们的铁塔离我家这么近，你看看铁塔上的电线这么粗，这要有多少辐射啊！如果撤掉，万一我家里人被辐射了怎么办，我孙子还要好好读书，将来还要上大学呢！我不撤！"

我们几个当场愣住，这么高、这么远的距离，电磁辐射几乎可以忽略不计了，不会出现王大伯想象的那种情况。但无论大家怎么和王大伯解释，他都听不进去。我只能更加耐心地跟他说："王大伯，我知道您肯定相信小孙子说的话，但是他说的辐射是有一定的条件的。不信，你等他放学回来再给你讲讲？您想想看，我们的工作就是每天接触这些电力设备，电线如果真辐射这么大，我们肯定每天都要穿着厚厚的防护服了。你去医院拍过 CT 片子吗，防护服就是医生给你穿的那种衣服。你看我们今天穿的什么？就是最简单的工作服！要真是这么危险，我们家里人能愿意我们一直从事这么危险的工作吗？而且，你就挂一个黑色的网布，这个最多也只能挡挡太阳。你小孙子说得那么厉害的辐射，你觉得它能挡住吗？台风马上就要来了，我看这些网布固定得也不是很牢，到时候那么大的风一刮，早就吹没影了。但是吹到了电线杆上可就麻烦了，不单你家要停电，这一片都要停电！查到是您家的网布导致的，您还要承担赔偿停电带来的损失，你说这麻烦多大啊！"

听完我耐心细致的分析后，王大伯深思熟虑，最终做出了明智的决定，同意将悬挂的黑网撤下。在我们的协助下，共同花费了半个小时的时间，小心翼翼地将那片黑色网布摘下并妥善存放于王大伯的仓库中。

从客户的角度出发，我们深入理解了王大伯的担忧和顾虑。通过冷静分析问题的原因，我们采用了更加平和、理性的沟通方式，避免了直接的言语冲突。通过我们的不懈努力，我们获得了王大伯的认可，不仅解决了一处潜在的障碍，同时也消除了一处潜在的停电风险。

第二节　紧急修复遇投诉

在电力服务领域，对外沟通的质量直接关系到客户体验与满意度。当客户遇到电力问题时，往往会通过投诉热线寻求帮助。此时，供电所事故抢修值班人员肩负着及时响应、准确判断、高效解决故障的重要职责。在与客户沟通的过程中，不仅需要快速定位问题，还需要充分理解客户的焦虑与不满，以耐心、专业的态度给予解答和支持。在实际操作中，由于各种因素，如高压电力设备故障处理时间长、客户对电力知识了解不足等，供电所事故抢修值班人员往往面临着诸多挑战。本节展现了一次典型的对外沟通场景。这一案例提醒工作人员，在对外沟通中，不仅要注重解决问题的速度和效率，更要关注客户的需求和感受。通过运用沟通技巧、增强服务意识、加强团队协作，工作人员可以更好地应对各种挑战，提升客户满意度和电力服务质量。

一、实景映画

主要人物：

吴女士：普通居民，工作性质原因经常昼夜颠倒。

张某：生产班组员工，业务娴熟，不善言谈。

在电力服务的日常运营中，客户遇到电力问题时，往往选择拨打投诉热线以寻求快速解决。公司应急指挥中心一旦接到这些投诉电话，根据业务属地化原则，会迅速将工单分配到对应的供电所。供电所的事故抢修值班人员会按照工单接收的先后顺序，逐一联系客户，初步了解事故发生的具体情况，随后携带必要的工具和设备前往故障处排查和修复故障。

一天晚上，张某作为某供电所的事故抢修值班人员，外出处理一个涉及高压电力设备的抢修工单。由于这项工作的复杂性和危险性，处理时间相对较长。就在这时，值班电话再次响起，一个新的工单被分派给了张某。他迅速按照公司规定的3分钟接单要求，暂停了当前的工作，拨通了客户吴女士的电话。

张某："喂，你好，×××供电所。刚才是你打报修电话吧？发生什么事了？"

吴女士："我的老天，打了好几个电话，我终于找到你们供电所的电话了。是这样的，我们家晚上吃火锅，刚才听见'啪'的一声，家里电全没了。我看了下外面，邻居家好好的，都有电。问了物业，他们叫我自己给你们打电话。你们能不能派人过来看一看啊？"

张某凭借丰富的经验，初步判断这可能是吴女士家内部线路的问题，并尝试通过电话指导吴女士自行解决。

张某："听你这么说，像是家里的空开跳了。你家里配电箱找得到吧？把空开推上去试试看。"

吴女士因为家里停电，她已经拨打了多个电话联系各方，心情非常烦躁。听到张某让她自行处理，她十分不满和不安，大声反驳道："我不知道配电箱在哪里，也找不到空气开关，而且我怕触电，不敢乱动！"

由于张某自身还在处理另一个紧急且复杂的抢修任务，他感到时间紧迫。当吴女士因对电力知识了解不足而表现出不愿配合时，张某的心情开始变得急躁。他认为这只是个小问题，吴女士应该可以自行解决或稍作等待，但吴女士的焦虑和不满情绪让他无奈。于是，张某不耐烦地说："好吧，我还在处理别的故障，等弄好了再过来。你家是不是在×××，待会到了给你打电话。"

"行行，你快点啊。"吴女士随后挂断了电话，张某继续处理手头未完成的工作。

15分钟后，吴女士的电话又打来。吴女士怒气冲冲地质问道："你怎么回事啊，这么长时间怎么还不来！"

张某解释道："我这边这个事情还没有处理完。你等着好了，这边一弄好我马上就会去的。你别催了！"

吴女士听到，只能说："好吧好吧，那你快点啊，我手机只有5%的电了，再晚了手机就没电了，你的电话我也接不到了。"

张某急于处理手头的事故，未等客户说完就挂断了电话。当天晚些时间，张某来到吴女士家中，检查了线路情况，协助客户处理了故障，吴女士家正常复电。

第二天，电力服务热线回访吴女士时，吴女士指责张某服务态度差，对张某进行投诉，工单也反馈不满意。张某感觉十分委屈。

根据本案例，试着分析并说说自己的想法：
1. 存在的问题

_____
_____
_____

2. 沟通策略

_____
_____
_____

二、在线解读

（一）提出问题 & 解决问题

在电力服务的日常运作中，一线工作值班人员常常需要面对各种紧急和复杂的电力问题。他们不仅要具备专业的技术能力来迅速解决问题，还需掌握良好的沟通技巧以确保客户满意度。本案例就提供了一个典型的沟通场景，展示了当检修人员专注于解决电力问题时，可能因疏忽服务形象而引发投诉。

1. 知识不同，向下兼容

张某处理吴女士的电力问题时，凭借经验迅速判断这是常见的内部线路故障，并尝试通过电话指导吴女士自行解决。然而，他没有充分考虑到吴女士作为普通居民，缺乏电力知识，对于电力故障存在极大的恐惧和不安。在张某看来的小故障，对吴女士而言却是大问题，而且出于安全考虑，吴女士不敢尝试修复故障。

因此，一线工作人员与普通客户沟通时，必须牢记客户的电力知识水平和操作能力有限。他们需要更细致、耐心地解释，确保客户能够理解和接受提出的解决方案。同时，对客户而言，他们更关心的是问题能否得到及时解决，而不是问题的严重程度。因此，工作人员需要关注客户的需求和诉求点，以便更好地为他们服务。

2. 服务意识，大局为重

在本案例中，张某因手头已有紧急任务，接到新工单时显得急躁。他没有意识到自己的工作态度和形象直接代表着电力公司的形象，与客户沟通时的不耐烦情绪进一步激化了客户的不满。对直面客户的工作人员来说，他们需要将服务意识融入每一次的沟通和服务中，端正工作态度，积极为客户排忧解难。

增强服务意识不仅要求工作人员具备专业的技术能力，还需要他们具备良好的沟通技巧和同理心。在与客户沟通时，工作人员需要认真倾听客户的需求和诉求点，关注客户的情绪和感受，给予充分的关心和支持。同时，他们还需要善于表达自己的观点和想法，以便更好地与客户达成共识和合作。

3. 提高专业，凸显权威

张某在与吴女士的沟通中，虽然做到了及时联系并了解情况，但在告知解决方案和处理时限方面存在不足。他没有及时向吴女士解释为何需要等待以及何时能够前往处理，导致吴女士长时间等待无果后产生不满情绪。这种沟通不畅的情况不仅影响了客户的满意度，还可能损害公司形象。

为了提高专业性和权威性，工作人员需要在与客户沟通时展现自己的专业能力和经验。他们需要准确判断问题的原因及提供解决方案，需要在沟通中保持自信和冷静，展现出自己的专业素质和可信度。无法立即解决问题时，工作人员需要准确地告知客户原委、后续的解决方案和处理时限，并尽最大努力争取客户的理解和支持。同时，也要安抚客户的不满情绪，确认客户是否认可提出的解决方案和时限，避免沟通不畅所导致的矛盾升级。

（二）实况重构

某天晚上，供电所的事故抢修值班人员张某正在处理一个涉及高压电力设备的抢修工单。由于事故复杂，处理需要较长时间，这时，他突然接到一个新的工单。按照公司的规定，张某迅速暂停手头的工作，并联系了新客户吴女士。

张某："喂，您好，×××供电所为您服务。您是刚才报修的客户吗？请告诉我发生了什么事情？"

吴女士："哎呀，我总算联系到你们了。我们家刚才吃火锅的时候，突然'啪'的一声，家里就停电了。我邻居家都有电，物业让我联系你们。你们能尽快派人来看看吗？"

张某通过简短的沟通，初步判断这是吴女士家内部线路问题，并尝试通过电话指导她自行排查故障。

张某:"吴女士,请您先别急。根据您描述的情况,我判断可能是您家的内部线路故障。您知道家里的配电箱在哪里吗?"

吴女士因为已经联系过多个部门,心情有些烦躁。但张某的耐心和专业让她感到安心。她表示对配电箱的位置不太清楚,也不敢轻易操作。

张某了解情况后,决定亲自前往处理。由于他手头的工作还未完成,他向吴女士说明了情况,并承诺会尽快赶到。

张某:"吴女士,非常抱歉,我现在还在处理另一个事故,可能需要一些时间才能赶到您那里。我预计大概还需要半小时。我会尽快处理完手头的工作,然后立刻出发。我确认一下地址,您家是在×××对吧?好的,我出发后会给您打电话。"

吴女士表示理解并接受了张某的安排。15 分钟后,张某预估还需要一段时间才能完成手头的工作,于是他提前联系了吴女士,并告知了预计到达的时间。

张某:"吴女士,非常抱歉让您久等了。我这边的事故还没有处理完,可能还需要 20 分钟左右。我预计会在××时到达您家。我提前和您联系一下,希望您能够理解。"

吴女士虽然有些不满,但想到张某能提前联系并说明情况,也表示了谅解。15 分钟后,张某顺利处理完手头的事故,并赶到了吴女士家中。他迅速检查了线路情况,帮助吴女士处理了故障,使家中恢复了正常供电。

吴女士对张某的及时帮助表示了感谢。第二天,电力服务热线回访时,吴女士对工单处理结果表示满意。

三、练一练

作为事故抢修人员,在与客户电话沟通遇到客户描述不清的业务时,你该用什么样的话术引导客户?

四、阅读延伸

有一年夏天，我负责的某抄表段负控采集数据失败，需要人工现场补抄。然而，连日的台风暴雨，天气恶劣及出行不便，我并未严格遵循要求到客户现场进行补抄，而是根据客户的日常用电规律进行了估算。在岗位上工作多年，我自信能够根据客户每月的用电情况，特别是熟悉的客户，结合去年同期的用电水平和上月用电情况，大致估算出当月的用电量。

其中，有一位客户王某，他居住在我所在供电所附近的高档别墅区，我推测其家庭经济条件优越。考虑到夏天炎热，空调负荷用电量可能较大，便对王某的电表示数进行了较大的估抄，并通知他及时交费。

然而，王某当时正好趁着暑假带孩子出国研学，家中无人居住近20天。当王某接到通知单时，直接来到供电所询问原因。面对王某的质疑和同事惊讶的目光，我深感尴尬。我承认自己未能亲自到现场补抄，而是进行了估抄，并表示愿意承担全部责任。

在所长的安抚下，王某原本打算原谅我。然而，我轻率地回了一句"你家总能用到那个度数的"。这句话激怒了王某，他拒绝接受我的道歉，并怀疑我每月都没有认真核对电量，认为家里的电费一直存在问题。他还威胁要将此事公之于众。这可能让大家误会所有抄表员都采取估算的方式，给公司和部门带来严重的声誉风险。

面对我的无知和疏忽，所长在全班面前严厉地批评教育我，让我换位思考，如果我是客户，我有何感受。那一刻，我深刻认识到自己的狭隘和错误，立即向客户王某表示真诚的歉意，并向班长和所长保证今后将端正态度，避免类似错误发生。所长也向客户表示将按照公司管理规定对我进行严肃处理，获得了王某的谅解。

王某离开后，所长单独找我谈话，就服务客户的态度和沟通技巧进行了着重教育。这次事件让我深刻认识到工作高要求和高标准的重要性，我决心从自身做起，严谨认真地完成每一项工作任务。

第三节　电费激增查明细

在当今快速发展的工业环境中，电力供应的稳定性和准确性对于企业的生产运营至关重要。然而，当工业用户怀疑电力部门的表计存在问题时，如何有效沟通并解决问题，不仅是对电力服务人员的挑战，更是关乎客户满意度和企业声誉的重要议题。本节便讲述了这样一次关于电力表计问题的沟通和处理的过程。通过这个案例，我们希望能够帮助大家更好地与客户沟通，理解客户需求，并提供更加优质的服务。

一、实景映画

▶ 主要人物：

小丁：现场校验人员，工作年限不长，专业敏锐度高，但是缺乏耐心。

张老板：××螺杆厂老板，工业用户，因为电费激增的事情发愁，性格有些急躁。

某天，现场校验人员小丁接到一个快速响应电话，工业用户×××螺杆厂怀疑电力部门的表计有问题，尖峰电量与换表前相比增加了十倍，要求对安装在他厂配电房的表计进行现场校验。

接到工单后，小丁立刻查看了该厂近3个月的用电情况，结合负荷情况，发现该表计是 5 月新换的，7 月和 8 月的电量确实有所增加，其中尖峰电量增加比较多，小丁第一时间联系了用户。

小丁："喂，请问是××螺杆厂的张老板吗？我是供电公司现场校验人员小丁，您是不是申请了电能表现场校验？"

螺杆厂张老板："是的，是的，你们 5 月更换电表以后，我的电费就明显增加了，特别是尖峰的量增加了 10 倍，我怀疑你们的电表有问题，要不好好的电表你们为什么要换新的？"

小丁："我还没有到现场看过情况，所以现在不能下定论，打电话过来是想问一下，我们明天早上到现场检测电表可以吗？"

螺杆厂张老板："当然可以了，巴不得你们早点过来呢。"

小丁跟班长汇报了工作，班长和有经验的班员都对小丁说，根据他们以往的经验，现场申校的表计往往是没有问题的，多数是因为用户对自己的用电情况不了解，估计这次情况也差不多。班长还特别嘱咐了，由于接下来会有一个较大工程，让小丁快速处理好这个工单。

第二天小丁到达现场后，第一时间查看了电能表的封印情况，确定封印正常的情况下，就对电能表的接线情况和误差进行了现场测试，测试数据显示合格。

小丁："张老板，您来看，现在你们厂的负荷有这么多，电能表上显示的电流、电压数值和校验仪器的一样，而且校验的误差，也是在合格误差范围之内，时钟显示也是正常的，说明我们的这块电能表没有问题。"

螺杆厂张老板："那这是怎么回事？我们厂也没有新增机器，原来都是好好的，突然多交这么多电费。要不你们再给我新换块电表。"

小丁通过电话跟班长沟通，班长再次重申以检测结果为准，之前差不多的工单也是这样处理的，让小丁尽量跟用户解释清楚。

小丁觉得班长的处理经验应该是正确的，但当下也不知道如何能说服用户，只能再三跟张老板强调："现在仪器检测显示表计没有问题。张老板，是不是你们厂里有你不清楚的问题？"

张老板一听这话心里不太乐意:"我们厂里有什么情况我能不清楚吗?我肯定是换表之后电费才涨的,肯定是电表的问题,要不就换一个电表吧?"

小丁有些不耐烦,表示电表没问题,再换电表没必要而且很麻烦,最终小丁以检测没问题的结论结束了本次外出任务。

事后张老板以不满处理结果为由进行了投诉。

根据本案例,试着分析并说说自己的想法:

1. 存在的问题

_____

_____

_____

2. 沟通策略

_____

_____

_____

二、在线解读

(一)提出问题 & 解决问题

从对外沟通的视角来看,检修人员经常遇到不属于自身职责范围的问题,此时"多一事不如少一事"的心态与"精益求精、臻于至善"的企业精神往往产生冲突。本案例便展示了检修人员小丁面对此类情况时,如何在群体压力的影响下做出选择。在沟通过程中,小丁有以下可以处理得更加妥当的地方。

1. 根据事实,独立判断

处理工单时,小丁面临了来自班组,尤其是经验丰富的班长的意见压力。这种压力源于群体内部的信息和规范压力，促使小丁倾向于做出符合群体认可的反应。在没有与客户张厂长充分沟通的情况下，小丁选择了按照班组的意见行事，未深入调查便结束了任务，导致其被投诉。为了避免这种情况，小丁应克服群体压力，基于事实独立判断，明白经验只能作为参考，需要根据此情此景做出符合当前事件的判断，并与客户进一步沟通，共同寻找解决方案。

2. 经验参考，积极沟通

小丁面对张老板的投诉，虽然保持了专业性，但缺乏足够的同理心去理解张老板电费激增的焦虑。这导致他在沟通中显得较为冷淡，没有充分考虑到张老板的感受。同时，小丁在解释和说服张老板的过程中显得不耐烦，这使得双方关系越发紧张，张老板也更加坚信电表有问题。在沟通中，小张应该表现出更多的同理心和耐心，理解并关注张老板的困扰，还应该提高沟通技巧，展示供电公司对客户的关心和责任感，积极解决客户的问题。

3. 沟通仔细，回应翔实

在工作场合中，人们往往把过去经验套用在当下发生的事情上，对于当下事件发生的"特殊性"等不符合经验的部分视而不见，想用老办法解决新问题。在这个案例中，小丁面对张厂长提出的"换表之后电费激增"的这一事实虽然进行了现场校验，并给出了检测结果，但没有进一步调查电费激增的原因，如用电设备的效率、用电习惯的改变等，只是以经验性的结论草草结束工单，引起了张厂长的不满。在工作中，特别是职场新手，哪怕已经验证电表没有问题，也要仔细思考，进行更深入的调查，分析电费激增的原因，并提供针对性的解决方案或建议。

（二）实况重构

小丁告知张老板检测结果显示电表没有问题。

螺杆厂张老板："但是这几个月来我们厂里没有任何变化，我们机器没有增加，工作时间也没发生改变，但是尖峰电量却明显多了好多，这也是事实，那这到底是怎么回事呢？"

小丁："张厂长，我们班组之前处理过很多跟你们情况差不多的工单，一般来说，表计都是没有问题的。当然了，每一个工单我们都会负责到底。为了你们厂这个情况，我也仔细研究了，我看了你们厂的电量组成，尖峰电量占比有所增加，但表计的显示您刚刚也看到了是正确的，我们现场校验也只能检查当前负荷下表计运行情况，这块表现场校验结果是合格。如果您还不相信可以申请有资质的单位检定。"

螺杆厂张老板："那好，我要申请更专业的人员来检定，把这块表给我换了。"

小丁："好的，供电所人员会尽快来更换这块表计的。"

此次现场校验工作完成，虽然表计运行正常，但尖峰电量激增的原因未找到，张老板对此次的诉求没有得到满意答复，还是有点不满。

通过检定，电表误差是合格的。为验证时段是否有问题，对这个表计进行了走字实验，显示尖峰时段电量是增加得多了。在此期间，小丁发现这是块大工业表计，联系到最新的计费规定，小丁一下子明白了张厂长企业电费看起来突然上涨的原因。5月表计轮换后，电费计费规则由原来的"三费率六时段"变更为现在的"三费率七时段"，时间段 13:00—15:00 从原来的高峰时段变为尖峰时段，电费会提高，而且7月和8月为用电高峰期，电费与前几个月相比增长得比较明显，这就能解释清楚为什么螺杆厂和以前同样用电但是看起来电费激增了。由于电费计费调整时间跟表计更换时间恰好在一起，因此在张厂长眼中，表计更换后电量激增。

小丁联系张厂长："张老板，我是上次去厂里检测电表的小丁，我们发现了厂里用电量激增的真正原因。"

张厂长："快跟我说说是怎么回事？"

小丁向张厂长详细解释了"三费率七时段"的相关规定，张厂长企业的特殊情况在于：表计更换时间与计费规则变更时间刚好凑在一起，因此造成了"换表之后电费激增"的错觉。小丁还建议张厂长如果生产不紧张可以错开那个尖峰时刻生产。张厂长十分惊讶，但是经过小丁的耐心说明，最终认可了事实，并根据小丁的建议优化调整了开工时间。至此，螺杆厂张老板表计故障的诉求得到解决，对此工单的处理工作表示满意。

三、练一练

为了实现上级指令，我们应当如何以恰当的方式引导并说服客户，使他们愿意去做那些他们原本不太主动的事情？

四、阅读延伸

每年清明前，供电公司都会进行高低压线路通道清理工作。这是出于两方面的考虑。首先，雨后竹子生长迅速，容易触及 10kV 线路，引发接地、跳闸等事故，对供电安全构成威胁。其次，清明时节，当地人习惯上山拜祭亡者并燃烧纸钱，产生的飞火极易引发山林火灾，可能导致线路大面积停电，影响供电稳定性。因此，清明前后进行线路通道清理工作尤为必要。

某天，一位农民打扮的大爷情绪激动地来到供电所，他声称供电公司在未通知他的情况下砍伐了他辛苦种植的竹子，并要求三倍赔偿。供电公司每年都会面临类似的问题，但大多数时候，通过村委会的协助和解释，村民的诉求都能得到解决。

然而，今年的大爷似乎有备而来，坚持要找领导理论。面对这一情况，副主任迅速采取行动，联系村委会并邀请知晓情况的村干部一同上门解释。

大爷说他很久之前就开始在这块地方种树，从来没有人告诉过他不能种，"就算是那个什么电线通道，下面种几棵竹子又怎么啦？又碰不到电线？"面对大爷的咄咄逼人，副主任态度温和但是语气坚定，他首先向大爷出示了政府文件："大爷您看，这是政府文件，是县政府有关通道清理的发文，3年前就发了，当时村里面肯定给您宣传过了。这次通道清理是依据政府发文进行的，并且已经对村民进行了相应的赔偿。现在我们是照着文件来做清理通道的工作。"接着，副主任向大爷展示了报道资料和照片，强调通道清理工作是为了村民的安全考虑。他解释道，"虽然目前看似没有问题，但树木一旦触及线路，将对附近村民的生命安全构成严重威胁。我们每年都要进行这项工作，就是为了提前排除这些危险因素，防患于未然。这些风险排查工作都是免费的，我们是不收取任何费用的。"

大爷看着文件和新闻照片，一句话也说不出来，为了安抚大爷的情绪，副主任轻声细语地说："这样吧，大爷，要不您留一个电话，我们在明年通道清理前，提前和您讲，您要种些啥，只要在线路保护区以外的，我们保证一草一木都不会动的，您监督我们。"

大爷在副主任有理有据的言辞下自知理亏，不再向供电公司提出赔偿要求。

第四节　安全生产第一线

在电力工作中，安全始终被置于至高无上的地位。每一个操作、每一项任务，都需严格遵循既定的安全规程，这不仅是保障电网正常运行的基础，更是对每一位工作人员生命安全的尊重。然而，在实际操作中，我们常常遇到来自不同群体对于安全规程的不同理解和执行态度。在本节的案例中，小孟的坚持原则与老方的灵活变通，在电站的安全规程面前形成了鲜明的对比。这一案例不仅展示了不同群体对于安全规程的不同理解和执行态度，更深刻地揭示了安全工作中不容忽视的群体理论问题。它提醒我们，在追求效率和效益的同时，必须始终坚持"安全第一"的原则，不容许任何的妥协和侥幸心理。

一、实景映画

主要人物：

小孟： 电站运行人员，依法办事，有原则有底线。

老方： 标示牌厂家安装人员，工地"老油条"，为了省麻烦，经常钻空子。

在电站的日常运营中，一个看似简单的标示牌更换工作引发了一场安全管理的风波。电站设备阀门标示牌需要更换，电站联系厂家制作标示牌及悬挂辅助工具，厂家派人到电站进行标示牌安装工作。标示牌制作完成后，安装人员老方根据约定日期到达电站，电站运行人员小孟与他对接。

根据安全工作要求，标志牌的安装工作需要在小孟的监护下进行。查看位置后，他们两人发现，由于部分阀门位置较高，需要梯子辅助安装，而当天班组内原本的梯子被带去现场工作，还好老方习惯自带辅助工具。

开始更换前，小孟按照惯例检查辅助工作的安全性，他发现老方带来的梯子没有合格证和检验证，便对老方说："老方，你这个梯子没有合格证和检验证，不能在现场使用。"

老方："没关系的，就装个标示牌，梯子就用几分钟而已，不会有事的。"

小孟拒绝："不符合规定的设备不能用的，这是规定。在我们工作场所干活，这是基础。要不这次你先把能装的标示牌装了，需要梯子的地方，等有了有合格证的梯子后再装。"

老方一脸不在意地摆手："那我还要过来一次，太麻烦啦！我还是这次装好吧，很快的，就几分钟。"

小孟丝毫不让步，说："不行，我不允许这样的事情。再说，你经常做我们业务，合同上面的条款你也清楚，不按照安全规程操作，是要扣你工钱的。"老方听到要扣钱，这才罢休，安装部分标示牌后表示回去做梯子检验了。

1个星期后，老方带着合格的梯子回到了电站，准备继续更换剩余的标示牌。在小孟的严格监护下，他们成功地更换了大部分标示牌。然而，就在工作即将完成之际，他们遇到了一个棘手的难题：几个阀门的位置过高，现有的梯子长度无法到达，使得标示牌的安装工作变得异常困难。

面对这一困境，老方提出了一个看似简单的解决方案——他打算站在梯子的顶部进行安装。这一提议立即遭到了小孟的强烈反对，"这样没有安全措施，是违章的，不能这样做。"

老方："老弟，你胆子太小啦。我就是干这个活的，很熟练的，我装一个几分钟，剩下这个很快就能弄好，这个活儿就结束了。"

小孟仍然坚决反对，这下老方火了："我说你这个小伙子，看着年纪轻轻，怎么这么死板！我已经来了两次，上次都耽误1个星期了，这次你还不让我装,就几分钟的事情,这么点儿活还要干1个月吗?"

但是小孟并不让步:"规定就是规定,不符合安全规程的工作不能做,这是底线!安全这种事情,不能心存侥幸!"

老方:"你这次不让我安装,下次我不来了,你找别人吧!"结果,两个人就这么僵持着,安装工作也不能继续下去。

根据本案例,试着分析并说说自己的想法:
1. 存在的问题
_____
_____
_____

2. 沟通策略
_____
_____
_____

二、在线解读

(一)提出问题 & 解决问题

在与第三方企业合作时,沟通场景复杂多变,尤其涉及不同企业文化、行业标准和日常操作习惯时,摩擦和冲突难以避免。本案例聚焦与外部人员配合完成工作时的矛盾,从对外沟通的角度,探讨了个体如何受参照群体影响而形成不同认知,并提出如何通过改变参照群体来改变其认知的策略。

1. 明确规则,坚定立场

在与外部群体沟通时,由于双方背景和环境的不同,沟通目的和期望往往存在差异。在本案例中,小孟作为供电企业代表,对安全要求有着严格且深刻的理解，这是基于其行业特性和日常工作环境形成的认知。然而，老方作为标示牌安装人员，其参照群体可能更侧重于效率和实用性，对安全规程的重视程度相对较低。因此，小孟需要明确表达安全规程的重要性，并坚定自己的立场，确保工作在安全的前提下进行。

2. 分析情况，揭示后果

在自己不熟悉的工作场景里，人们往往对事件的走向和后果没有正确的预判和估算，不会过多考虑后果，提前编制预案。在此案例中，双方对事件走向和后果的预判可能存在差异。老方可能低估了违规操作带来的风险，小孟则深知这些风险的严重性。因此，小孟需要深入分析违规操作可能导致的后果，并用具体案例和事实来揭示这些后果的严重性。这有助于老方认识到自己的认知偏差，并促使他改变行为。

3. 以理服人，以情动人

对小孟来说，坚持原则是正确的，但是与不熟悉情况的第三方沟通的时候，在坚持原则的同时，小孟还需要运用沟通技巧来打动老方。除了理性地分析安全规程的重要性外，小孟还可以尝试从情感层面入手，找到与老方的共同点或共同利益点。例如，可以强调违规操作对老方个人声誉、职业发展和家庭安全的影响，让老方意识到遵守安全规程不仅是为了企业利益，更是为了自己和他人的利益。通过情理交融的沟通方式，小孟可以更有效地影响老方的认知和行为。

（二）实况重构

1个星期后，老方带着合格的梯子来更换剩余的标示牌。剩余几个阀门由于位置过高，梯子不够长无法更换标示牌。老方表示可以站在梯子顶部进行安装。

小孟反对："老方，这样没有安全措施，是违章的，不能这样做。"

老方："没关系的，这个很快就好了，而且又没人看见。"

小孟强调说："规定就是规定，不符合安全规程的工作不能做，这是底线！安全这种事情，不能心存侥幸！"

老方听见小孟这么说，就不再说话，但是仍然带着不忿的表情。小孟见状后，放缓了语气劝道："被查到不光是扣工钱问题，还涉及供应商评分，影响以后合作。你说是不是？而且这样虽然方便了，但是安全隐患很大，万一之中的万一，没站稳摔下来怎么办。"

小孟观察到老方的脸色微微缓和，继续温和地说："老方，听说您儿子今年上高中了？咱们这些做父亲的，可得为孩子和家里的那位多想想，千万别让一时的侥幸心理害了自己。您想想看，这值不值得呢？"

老方被小孟这番话触动，心里那股反驳的冲动烟消云散。他心知肚明，小孟的提醒确实是为了他的安全着想，再加上之前白纸黑字签下的合同条款历历在目，他怎能不明白这些规矩的严肃性呢？不能因为贪图一时方便，就让自己和家人陷入困境。

他摸了摸头，仿佛是在整理自己的思绪，然后对小孟露出了感激的微笑，语气也变得温和："小孟啊，你说得对，我确实得为安全考虑。要不这样，咱们一起想想办法，看看能不能在今天把这个事情给解决了？"

经过一番努力，小孟成功地从其他班组借到了一架足够长的梯子。有了这个"神器"，老方也顺利完成阀门标示牌的更换工作。两人相视一笑，所有的困难和误解都在这一刻烟消云散了。

三、练一练

发现承包工程的第三方有钻法律漏洞的行为时，该如何在不影响工人情绪和工程进度的情况下进行规劝？

四、阅读延伸

为实现本市电力需求响应，特别是在夏季用电高峰时段，为了确保供电系统可靠性，我们供电公司制订了一项关键计划。当电网负荷接近或达到临界点时，我们将向参与的用户发送减少负荷的直接补偿通知信息。用户有权根据自身需求判断，是否按照与我们达成的合约停止大功率用电，以响应电力供应的调整，达到减少或推移特定时段用电负荷的目的，进而保障全市电网的稳定运行。

此工作的重要前提就是需要和企业达成协商，并为其加装负控设备。这牵涉企业与我方信任的问题。5月，我们的客户经理团队积极与各企业沟通，解释并推广这一需求响应政策。我们欣喜地看到，大部分企业积极响应，理解并支持这一举措。然而，也有部分企业对此持保留态度，甚至表现出不配合的情绪。

在与一家企业的会谈中，一位年轻的客户经理首先介绍了政策背景和目的："这项工作是响应政府号召，旨在确保夏季用电高峰时期，所有市民都能享受到稳定可靠的电力供应。您的参与不仅是对我们工作的支持，更是对社会责任的积极履行。"然而，该企业代表提出了疑问："全市这么多企业，为什么偏偏要我们减产？难道少了我们一家，电网就运转不了了吗？"

面对这样的疑虑，客户经理没有直接反驳，而是耐心地解释："确实，每个企业都是城市经济的重要组成部分，我们非常理解您的担忧。但请您理解，电力需求响应是一个系统工程，需要每位参与者的共同努力。而且，政府对在高峰时段配合响应的企业，会提供相应的补贴和激励政策，这也是对您企业贡献的认可和回报。"

接着，客户经理进一步强调了企业的社会责任："作为一家有远见的企业领导人，您不仅要考虑经济效益，更要考虑企业对整个社会的贡献。在关键时刻，您的配合和响应将直接影响全市电网的稳定运行，为市民带来更好的生活体验。同时，这也是您企业展现社会责任和担当的重要机会。"

通过这样的沟通，客户经理成功消除了企业的疑虑和抵触情绪，使其更加理解和支持电力需求响应政策。最终，该企业同意参与项目并安装了负控设备，为全市电网的稳定运行贡献了自己的力量。